„Memmingen"
Schlüssel zur Stadt

Layout und Satz: Jürgen Batscheider, Memmingen
Druck: Memminger MedienCentrum
Printed in Germany
ISBN 978-3-87164-166-4

Sabine Rogg
Christoph Engelhard

Schlüssel zur Stadt

Memmingen

Maximilian Dietrich Verlag

MEMMINGEN
Schlüssel zur Stadt

Die Texte stammen von Sabine Rogg (Stadtführungen) und Christoph Engelhard (Stadtarchivar).

Gestaltungsidee dieses neuartigen Stadtführers ist, *Details* aufzuspüren, die einer Stadt ebenso Charakter verleihen wie die „großen" Sehenswürdigkeiten. Lassen Sie sich von einer Bilderwelt aus etwas anderen Blickwinkeln verzaubern.
Entdecken Sie die Stadt Memmingen auf diese Weise (neu).

Jürgen Schweitzer (Verleger) und Jürgen Batscheider (Buchmacher, *sic!*)

Aktuelle Informationen, Termine, Unterkünfte, Gastronomie unter:
www.memmingen.de

• Neue Aufteilung Memmingens in 7 Segmente

• Vor jedem Kapitelanfang übersichtliche Kartennavigation für rasche Standortbestimmung und leichteres Auffinden der besprochenen Häuser

• Komprimierte Kurzinformationen vor jedem Kapitel (rot)

• Zur jeder Abbildung findet sich im Text ein Bildverweis (blau)

• Information zur Stadtgeschichte mit Hinweisen auf lohnende Besichtigungsziele:

- künstlerisch interessant 

- geschichtlicher Kontext 

• Sponsorenliste und Bildnachweis auf Seite 143
• Index auf Seite 144

Inhaltsverzeichnis

Kurze Memminger Stadtgeschichte

Was sich heute nur noch als pittoreske Überbleibsel längst vergangener Zeiten präsentiert, prägte früher das Gesicht einer Stadt: ihre Befestigung mit Mauern, Toren und Türmen, Wassergräben und Sternschanzen – wehrhaft grenzte man sich gegen das Umland ab. Aber nicht nur heranrückende feindliche Heere und herumstreunende „Habenichtse" sollten beeindruckt werden, die Anlagen wirkten auch in umgekehrter Richtung. Das Verlassen der Stadt stand unter Kontrolle der Torwächter und im Falle innerstädtischer Konflikte kamen die Bewohner nicht ohne weiteres aus ihrer Stadt hinaus.

In den schriftlichen Dokumenten ist von „Memmingen" erstmals in einer Urkunde von 1128 die Rede, in der von einem 1099 hier stattgefundenen Hoftag des bayerischen Herzogs Welfs IV. aus dem Geschlecht der Welfen berichtet wird.
Die Entwicklung der welfischen Siedlung setzt siedlungsgeschichtliche und verkehrspolitische Traditionen voraus, die in die Alemannen und Römerzeit zurückreichen. Bereits in römischer Zeit befand sich hier an der Römerstraße zwischen Kempten und Kellmünz ein kleiner Burgus auf der Anhöhe der späteren Martinskirche. Namensforscher vermuten, dass die Sippe eines legendären Mammo der frühmittelalterlichen Siedlung ihren Namen gab.

Als Verkehrsknotenpunkt an Salzstraße, Jakobsweg und den Handelswegen nach Italien kam der entstehenden Siedlung eine überregionale Bedeutung zu.
1131 brannten die Staufer bei einer der zahlreichen Kriegszüge Memmingen als Teil des welfischen Besitztums nieder; bei Grabungen stößt man in ca. 1,5 m Tiefe noch auf Brandspuren. Im Winter 1151, nach dem Wiederaufbau, trafen sich in Memmingen die damals mächtigsten Herren Deutschlands: Herzog Welf VI., Heinrich der Löwe und Friedrich Barbarossa. Wo aber wohnten sie? Am Martin-Luther-Platz – dem höchsten Punkt der Siedlung oder an dessen entgegengesetzten Ende in der Kalchstraße beim Ratzengraben, wo im Anwesen Natterer der sog. Welfenturm auf ein historisch bedeutendes Bauwerk hinweist? Wann genau zum ersten Mal ein Mauerring Memmingen schützte, ist nicht gesichert. Zum Ende des 12. Jahrhunderts entspricht die Ummauerung im Westen und Norden bereits dem noch heute sichtbaren Mauerverlauf vom Schweizerberg bis zum Hexenturm. Dort bog die Mauer nach Süden ab, Weinmarkt, Rossmarkt und Schweizerberg bildeten die Südgrenze. Fünf Tore durchbrachen den ca. vier Meter hohen Mauerring: das Westertor, das Notzentor, das Innere Kalchtor am Ratzengraben, das Schälterntor in der Kramerstraße und das Obertor in der Herrenstraße.

Nach der Hinrichtung des Staufers Konradin 1268 gelangte die Ausbildung eines städtischen Gemeinwesens zu einem ersten Abschluss – bestätigt 1286 im Stadtrechtsprivileg König Rudolfs I. von Habsburg. Das schon 1270 erstmals belegte Stadtwappen zeigt als Zeichen des Marktfriedens ein Kreuz und als Symbol reichsstädtischer Freiheit einen (halben) Adler. Dank eines regen Markt- und Handelslebens (v.a. Textil- und Salzhandel) wuchs Memmingen über seine Grenzen hinaus, zunächst nach Osten, wo bereits Ende des 13. Jahrhunderts das Kalchviertel mit dem Kalchtor als neuem östlichen Stadtausgang in die Ummauerung einbezogen wurde.

Im Wegbachviertel um die Frauenkirche und um einen nicht näher lokalisierbaren Königshof entstand schon früh eine eigenständige Siedlung, die bis zur Mitte des 14. Jahrhunderts mit der Stadt verschmolz. Damit verdoppelte sich das Stadtgebiet. Überflüssig gewordene Gräben wurden zugeschüttet; die Bebauung am Roß- und Weinmarkt begann. Ein letztes Mal noch wurde der Mauerring erweitert, und zwar um die Ulmer Vorstadt – ein risikoreiches Unternehmen, musste doch die östliche Mauerpartie wegen seiner tiefen, sumpfigen Lage auf viele Pfähle gestellt werden.
Mit der Errichtung des Ulmer Tors 1396 war die äußere Stadtentwicklung abgeschlossen; Memmingen hatte eine Ausdehnung erreicht, die bis ins 19. Jahrhundert hinein Bestand hatte. Eine 2,8 Kilometer lange und wohl acht Meter hohe Mauer mit zahlreichen Türmen umfasste die Stadt und bot zum Ende des 18. Jahrhunderts etwa 6000 Seelen Schutz. Sechs Tore – Ulmer Tor, Einlass, Kalchtor, Kempter Tor, Lindauer Tor und Westertor – regelten das Kommen und Gehen.

Verfassungsrechtlich wurde Memmingen im 15. Jahrhundert zur Reichsstadt. 1403/1438 erlangte sie das Recht zur Blutgerichtsbarkeit und konnte diese später auf der Basis der Grundherrschaft des seit 1367 städtisch beaufsichtigten Spitals auch auf umliegende dörfliche Gemeinschaften ausdehnen. Seit 1347 waren neben der „Großzunft" der staufischen Ministerialengeschlechte und Kaufleute die in elf bürgerlichen Zünften zusammengefassten Handwerker am Stadtregiment beteiligt. Diese Zunftverfassung war das Ergebnis innerstädtischer Konflikte, wurde anlässlich eines neuerlichen Streits 1471 vom Kaiser bekräftigt und bestand bis 1551 fort. Sie war mit Bürgermeister, Stadtammann, Rat und Gericht an seiner Spitze die Basis einer alle Lebensbereiche umfassenden spätmittelalterlichen Blüte – sichtbar in zahlreichen sakralen und profanen Bau- und Kunstwerken.
Memminger Kaufleute waren an den wichtigen europäischen Handelsplätzen (u. a. Nürnberg, Ulm, Frankfurt, Leipzig, Köln, Venedig, Mailand, Bern, Lyon, Antwerpen) vertreten. Ihre in massiver Bauweise errichteten Handelshäuser im Bereich des Marktplatzes, in der Herren-, Kramer- und Kalchstraße bezeugen den wirtschaftlichen Aufschwung ebenso wie ihr Grund- und Güterbesitz im Umland, die Getreide-, Papier- und Pulvermühlen entlang des Stadtbaches oder die Gemeinschaftshäuser von Zünften und Reichsstadt (Rathaus, Steuerhaus und Kanzlei, Eich-, Tuch-, Korn- und Schlachthaus).

Überseeische Unternehmungen der Memminger Handelsgesellschaft der Vöhlin-Welser führten bis in die Neue Welt.

Ordensgemeinschaften prägten das kirchliche Leben der Reichsstadt, waren doch die beiden Pfarrkirchen St. Martin und Unser Frauen dem Antoniterorden bzw. dem Heilig-Geist-Orden inkorporiert. Im spätgotischen Stil entstanden Pfarr- und Klosterkirchen – ein ausgedehntes Betätigungsfeld für Handwerker und Künstler, darunter Hans Thoman sowie Hans, Ivo und Bernhard Strigel. Um ein möglichst hohes Bildungsniveau der Bürgerschaft sorgten sich Reichsstadt und Klöster; an vielen Universitäten finden sich Memminger Bürgerssöhne in Immatrikulationslisten verzeichnet. Eine der heute erhaltenen Nibelungen-Handschriften befand sich zur Mitte des 15. Jahrhunderts im Haus des Memminger Kaufmanns Heinrich Durracher. In Memmingen ließ sich ab 1480 die erste Allgäuer Buchdruckerei (Kunne) nieder. Zahlreiche Stiftungen sorgten für ein reichhaltiges religiöses Leben, sicherten aber auch einen sozialen Mindeststandard. So wurden etwa aus Mitteln der 1404 vom Meßpriester Heinrich Lumen gestifteten Großspendpflege vierteljährlich nach Meßfeier und Prozession Arme und Kranke mit Brot und Fleisch bedacht. Im Heilig-Geist-Spital fanden Arme, Kranke, Findel- und Waisenkinder Aufnahme; an Mutterkorn Erkrankte wurden in der Antoniterniederlassung medizinisch versorgt. Im städtischen Gesundheitswesen wirkten Ärzte und Apotheker, Barbiere, Bader und Hebammen.

Eine notwendige Kirchenreform vor Augen wandten sich Prediger, Bürgermeister und Räte der Reichsstadt früh den lutherischen bzw. zwinglianischen Gedanken zu – auch ein Grund für die Wahl Memmingens zum Versammlungsort der Allgäuer, Baltringer und Bodenseer Bauernhaufen im März 1525. In der Kramerzunftstube wurde das weitere Vorgehen beraten, eine Bundesordnung und ein Grundrechtskatalog verabschiedet, der unter der Bezeichnung „Zwölf Bauernartikel" in die *Geschichte der deutschen Freiheitsbewegungen* eingegangen ist.

Der nach dem blutigen Ende des Bauernkrieges vom Rat fortgeführte reformatorische Weg Memmingens war voller Gefahren und sollte vor Rückschlägen nicht sicher sein. Die Reichsstadt war eine der vier Städte, die dem Kaiser auf dem Augsburger Reichstag 1530 ein gesondertes Bekenntnis vorlegten („Confessio Tetrapolitana"), das aber weitgehend auf Ablehnung stieß. Bald wandte sich die Stadt im Schmalkaldischen Bund der lutherischen Ausprägung der Reformation in Form der „Confessio Augustana" zu und unterzeichnete die Wittenberger Konkordie.
Nach der militärischen Niederlage des protestantischen Bündnisses 1547 drohte mit dem Augsburger Interim eine Restitution altgläubiger Einrichtungen; schließlich ging aus den konfessionellen Auseinandersetzungen eine evangelisch-lutherische Reichsstadt und eine ebensolche Landschaft hervor – mit drei katholisch gebliebenen Klöstern innerhalb des Mauerringes und inmitten eines

katholischen Umlandes (Buxheim, Ottobeuren). Dem Augsburger Religionsfrieden 1555 folgten vor Ort vertragliche, konflikthemmende Regelungen während der 2. Hälfte des 16. Jahrhunderts.
Die Errichtung des Rathaus in Renaissanceformen 1589 kann als Zeichen einer wirtschaftlichen Erholung, aber auch eines Bedürfnis nach Repräsentation gelten – getragen von einem Patriziat, dem der Kaiser mit dem Ende der Zunftherrschaft die führende Rolle in der reichsstädtischen Politik zuwies.

Die Verbesserung der Waffentechnik, des Festungsbaus und geänderte Militärstrategien erforderten Antworten, wollte Memmingen nicht zur Beute diverser Kriegsherren werden. Die Stadtmauer musste erhöht und an Stelle der mittelalterlichen Zinnen mit Schießscharten ausgestattet werden. Die seit der Mitte des 16. Jahrhunderts vergrößerte Reichweite der Kanonen stellte die Stadt vor eine weitere Herausforderung. Wie konnten die Mauern vor Einschlägen wirkungsvoll geschützt werden? Die Lösung für die Ostflanke war denkbar einfach: Wasser, Wasser und nochmals Wasser. Mit der Aufstauung des Haienbaches und anderer vom Benninger Ried fließenden Gewässer gelang eine Versumpfung des Ostens der Stadt, das sogenannte „gschwöllt Wasser", wodurch Kanonen nicht in Position gebracht werden konnten. Zwischen 1529 und 1546 brachte man auch den südlichen Teil der Stadtbefestigung auf den neuesten Stand der Verteidigungstechnik, indem die Eckbastionen ausgebaut wurden: das „Rondell" mit dem Sinwellturm im Südosten und die „Hohe Wacht" im Südwesten. Aus dem Material des abgebrochenen Schottenklosters St. Nikolaus wurden Kasemattenmauern aufgezogen, so dass ein schier uneinnehmbares Bollwerk entstand, dessen Wassergraben unter Einsatz von arbeitslosen Webern verbreitert und dessen Mauern durch hohe Erdwälle geschützt wurden. Die Tore bekamen Vorbauten; die Zugbrücken wurden erneuert. Der besonders gefährdete, da höher liegende Westen und Norden Memmingens, wo Gräben nur unzureichend mit Wasser gefüllt werden konnten, wurde zwischen Lindauer Tor und Westertor mit einer Zwingmauer und kleinen Bastionen gesichert.

Im Dreißigjährigen Krieg traten erneut militärische Fragen in den Mittelpunkt reichsstädtischer Politik. Vom Ulmer Festungsingenieur Johann Faulhaber ließ man 1632-34 ein neues Wall- und Schanzensystem anlegen. Vor allem in die große Sternschanze zwischen Westertor und Schwalbenschwanzturm setzte man große Hoffnung, den näherkommenden Angriffen wirkungsvoll zu begegnen.
Doch vergeblich, am Gründonnerstag 1634 erstürmten die Schweden unter Feldmarschall Gustav Horn die Große Schanze und besetzten Memmingen. Unter großen finanziellen Belastungen erfolgte nach der verheerenden Belagerung durch kaiserliche Truppen 1647 ein Wiederaufbau der niedergeschossenen Mauerabschnitte. Die beschädigten Tore und Türme erhielten allerdings aus Furcht vor herabstürzenden Teilen nicht mehr ihre volle Höhe. Krieg, Hungersnot und Seuchen

dezimierten die Bevölkerung um etwa ein Drittel. Es sollte Jahrzehnte dauern, bis die Spuren des Leides verheilt waren.

Als bayerische Truppen 1702-04 die Reichsstadt im Spanischen Erbfolgekrieg besetzt hielten, entging sie nur knapp der Mediatisierung durch das Kurfürstentum. Im bescheidenen Umfang hielt schwäbischer Barock Einzug in Memmingen, öffentlich sichtbar an einigen neuerbauten Stadtpalais sowie im Kreuzherrnkloster. Aufbauend auf wirtschaftlichem Erfolg im Salz- und Textilhandel erlebte die Reichsstadt eine Blütezeit, die sich in der Pflege und Förderung von Kunst, Literatur und Musik dokumentiert. Im Schatten benachbarter Landesherrschaften konnte sie ihre Rechte behaupten und ihre Landeshoheit im Territorium 1749 mittels eines Vertrages mit der (vorderösterreichischen) Landvogtei Schwaben vervollständigen.

Im Gefolge der Napoleonischen Kriege wurde Memmingen Teil der Entschädigungsmasse für den Verlust linksrheinischer Reichsgebiete. Mit der Zivilbesitznahme durch das Kurfürstentum Bayern am 30. November 1802 war die Reichsstadtzeit vorüber; Räte und Amtsleute mussten dem neuen Landesherrn die Treue schwören. Noch nicht zu Ende war allerdings die Kriegszeit: Bereits auf den Wallanlagen angelegte Gärten gingen im Sommer 1805 wieder verloren, da unter österreichischer Besatzung erneut geschanzt werden musste. Als im Oktober französische Truppen die Stadt beschossen und die Österreicher zum Abzug zwangen, schlug für zahlreiche Wehrtürme die letzte Stunde. Auf Befehl Napoleons wurden ab November 1805 die Schanzen geschleift; Memmingen verlor seine eindrucksvollen Eckbastionen, wie Sinwill- und kleiner Pechturm im Süden oder im Norden den Hafendeckelturm und Luginsland. Ein geplanter kompletter Abriss der Mauer konnte von der Bevölkerung verhindert werden, allerdings weniger aus denkmalschützerischen Gründen, sondern aus Sorge um in Mauernähe stehende Gebäude. Die Stadt erhielt ein zivileres Gesicht. Auf Stichen der Zeit zeigt sie sich nun biedermeierlich verschlafen. Man lustwandelte verträumt entlang der trockengelegten Gräben um die langsam verfallenden Tore und Türme, die Blicke über vorstädtische Hopfengärten streifend.

Von den bewegten Ereignissen im März 1848 aus dem Dornröschenschlaf wachgeküsst – so mag es manchem Memminger erschienen sein. Die Stadt – schon fast ein halbes Jahrhundert Land- und Grenzstadt und Empfänger landesherrlicher Befehle – schien ihr Schicksal wieder in die eigenen Hände zu nehmen, bemühte sich um die Ansiedlung staatlicher Behörden und Gerichte und errichtete 1862/63 eine Eisenbahnlinie von Ulm über Memmingen nach Kempten. Mit dem Anschluss ans moderne Wegenetz brachen neue Zeiten an, die aber auch eine tiefe Wunde in den Mauerring der Stadt schlug. Fast die gesamte Ostseite wurde zum Abriss freigegeben. Die Wasserkunst, seit 1395 leitete diese großartige Ingenieursleistung das Stadtbachwasser kanalartig über den Wassergraben, ging ebenso verloren wie das kleine Lindentörle, eine 1371 für den Fußgängerverkehr in die vorstädtischen Gärten errichtete Ausgangspforte. Schmerzhaft bis heute auch der Abriss des in staufische Zeiten zurückreichenden Kalchtores, fehlt doch seither der Kalchstraße ihr Abschluss.

Die noch erhaltene Stadtmauer wurde von nachfolgenden Generationen liebevoll gepflegt und die Gräben zu einem grünen Gürtel umgewandelt. Der schlangenlinienartige Verlauf von Königs- und Kaisergraben erinnert noch an die Ausdehnung der längst planierten Schanzen. Grimmelschanze, Zollergarten, Kohlschanze, Reichshain und Hohe Wacht sind heute mit den zehn erhaltenen Toren und Türmen das größte Geschichtsdenkmal der Stadt.

In den letzten Jahrzehnten des 19. Jahrhunderts verstärkte sich das Interesse an der Heimatgeschichte, was zu einer Wiederbelebung historischen Feste (Kinderfest und Fischertag) führte. Im „Memminger Mau" und in den „Sieben Wahrzeichen" (Grüne Teufel, Hl. Hildegard, Blaue Saul, Gaul in der Wiege, Siebendächerhaus, Basilisk, Wasserkunst) manifestierte sich die Hingabe der Memminger an ihre Stadt. Der wirtschaftliche Aufschwung ab dem letzten Drittel des 19. Jahrhunderts fand mit dem 1. Weltkrieg ein vorläufiges Ende. Wirtschaftskrisen, Nationalsozialismus und 2. Weltkrieg hinterließen traurige Spuren der Intoleranz, Ausgrenzung und Zerstörung. Mit der Aufnahme zahlreicher Flüchtlinge und Heimatvertriebener stiegen die Einwohnerzahlen nach 1945 rasch an. Neue Wohn- und Gewerbegebiete, Einrichtungen und Infrastrukturen entstanden; mit der Gebietsreform 1972-1978 erreichte das Bezugsgebiet kommunaler Entscheidungen seine heutige Ausdehnung – unter Beibehaltung der Kreisfreiheit.

In den folgenden Kapiteln soll von den Quartieren vorwiegend innerhalb der Altstadt die Rede sein. Wir folgen dabei nicht einer dem Spaziergänger vorgegebenen Route, indem wir von Bau- und Kunstwerken entlang der Straßen berichten, sondern erschließen Memmingen in sieben Quartieren – orientiert an der zum Ende des 18. Jahrhunderts gebräuchlichen Einteilung der Reichsstadt in 66 Häuserstöcke. Als achtes Quartier gesellt sich die Neustadt außerhalb der Stadtmauer hinzu, wodurch ein Bogen vom historischen Baubestand der Reichsstadt zu den Gemeinschaftseinrichtungen des modernen Oberzentrums geschlagen wird.

Wir wünschen viel Vergnügen beim Lesen des Buches als Nachschlagewerk, das dem Spaziergänger keine feste Route vorschreibt, sondern ihm die freie Wahl lässt, die Stadt und ihre geschichtlichen Denkmäler immer wieder aufs Neue zu entdecken.

Karl der Große	80
Erster Kreuzzug	10
„Schiefer Turm" von Pisa	1173 - 12
Pilgerkirche von Chartres	1194 - 12
Verbrennung von Johanna von Orleans	14
Gutenberg revolutioniert den Buchdruck	14
Michelangelos Deckenfresko der „Sixtinischen Kapelle"	1508 - 15
William Shakespeare, „Romeo and Juliet"	15
Johann Sebastian Bach, „Goldberg-Variationen"	17
Französische Revolution	17
Schlacht bei Waterloo	18
Eiffelturm	18
Erster Weltkrieg	1914 - 19
Bauhaus	1919 - 19
Zweiter Weltkrieg	1939 - 19
Pablo Picassos Tod	19
Wiedervereinigung Deutschlands	19

0 Einbeziehung Memmingens in römische Westgrenzbefestigung

0 Fränkischer Königshof

Romanik

28 Urkundliche Erwähnung als welfischer Besitz

68 Freie Reichsstadt

48 Große Pestepedemie

35 Älteste Mädchenschule Deutschlands

Gotik

80 Ansiedlung des Buchdruckers Albrecht Kunne

Renaissance

25 Die Zwölf Bauernartikel

28 Tod des Malers Bernhard Strigel

66 Erster Hexenprozess

07 Weberaufstand

30 Aufenthalt Wallensteins

02 Einnahme durch Bayern im Spanischen Erbfolgekrieg

11 Monopol auf bayerisches Salz

45 Gründung der Künersberger Fayence-Manufaktur

Barock

99 Aufteilung der Stadt in Stöcke

02 Einnahme durch das Kurfürstentum Bayern

Neuzeit

52 Eröffnung der ersten Bahnlinie Memmingen / Kempten

00 „Grand Prix" für Wilhelm Ammann bei Pariser Weltausstellung

29 Erste Asphaltierungen

42 Kriegsgefangenenlager am Hühnerberg

98 Zangmeisterpassage als Höhepunkt der Altstadtmodernisierung

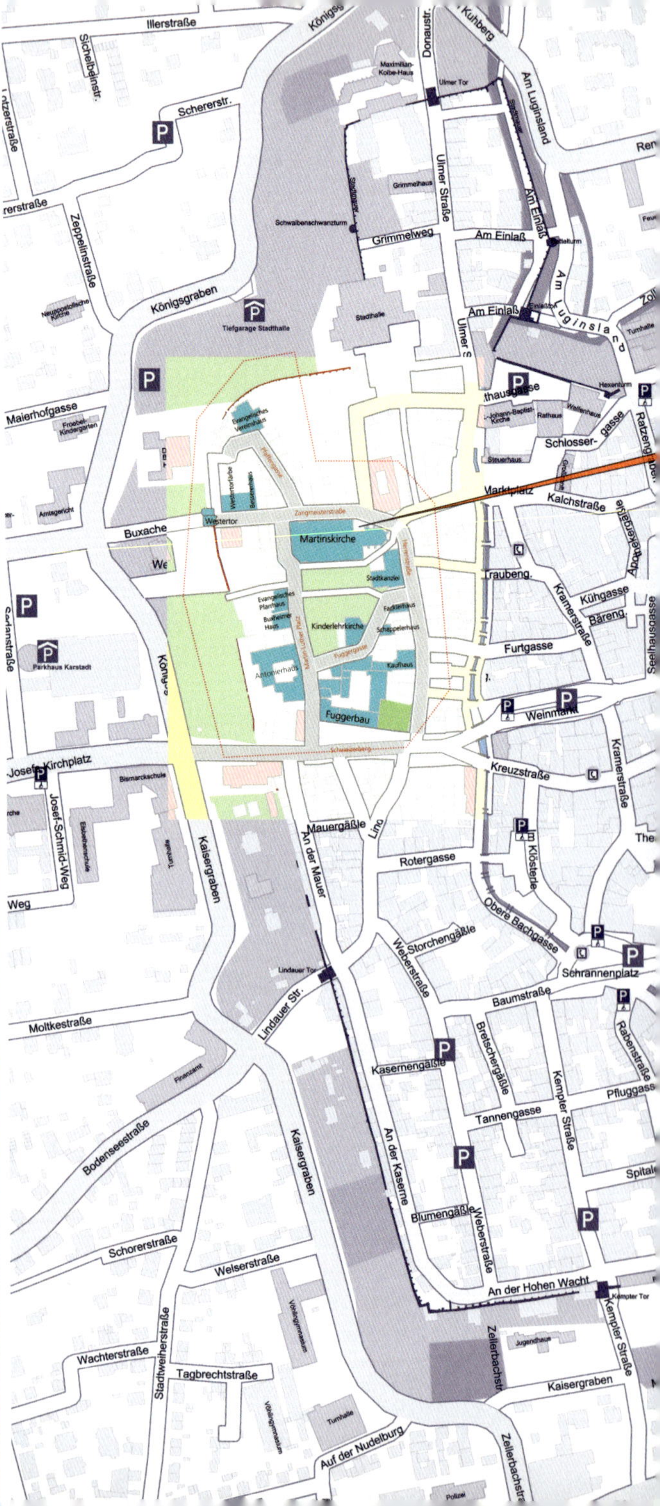

Illerstraße
Sichelbeinstr.
Scharerstr.
Zeppelinstraße
Königsgraben
Neuapostolische Kirche
Tiefgarage Stadthalle
Maierhofgasse
Froebel-Kindergarten
Amtsgericht
Buxache
Parkhaus Karstadt
Josefs-Kirchplatz
Bismarckschule
Josef-Schmid-Weg
Turnhalle
Kaisergraben
Moltkestraße
Finanzamt
Bodenseestraße
Schorerstraße
Welserstraße
Wachterstraße
Stadtweiherstraße
Tagbrechtstraße
Auf der Nudelburg
Turnhalle
Lindauer Str.
Lindauer Tor
An der Mauer
Mauergäßle
Maximilian-Kolbe-Haus
Donaustr.
Kuhberg
Ulmer Tor
Am Luginsland
Stadtmauer
Grimmelhaus
Ulmer Straße
Schwalbenschwanzturm
Grimmelweg
Am Einlaß
Stadthalle
Einlasstor
Hexenturm
Rathaus
Weberhaus
Schlossergasse
Steuerhaus
Marktplatz
Kalchstraße
Evangelisches Vereinshaus
Westertorfarbe
Westertor
Zangmeisterstraße
Martinskirche
Stadtkanzlei
Evangelisches Pfarrhaus
Kinderlehrkirche
Antonierhaus
Fuggergasse
Kaufhaus
Fuggerbau
Schwarzenberg
Traubeng.
Kramerstraße
Kühgasse
Bäreng.
Furtgasse
Weinmarkt
Kreuzstraße
Klösterle
Rotergasse
Obere Bachgasse
Storchengäßle
Weberstraße
Schrannenplatz
Baumstraße
Bretschergäßle
Kasernengäßle
Kempter Straße
Rabenstraße
Pfluggasse
Tannengasse
An der Kaserne
Blumengäßle
An der Hohen Wacht
Kempter Tor
Zellerbachstr.
Jugendhaus
Kaisergraben
Polizei

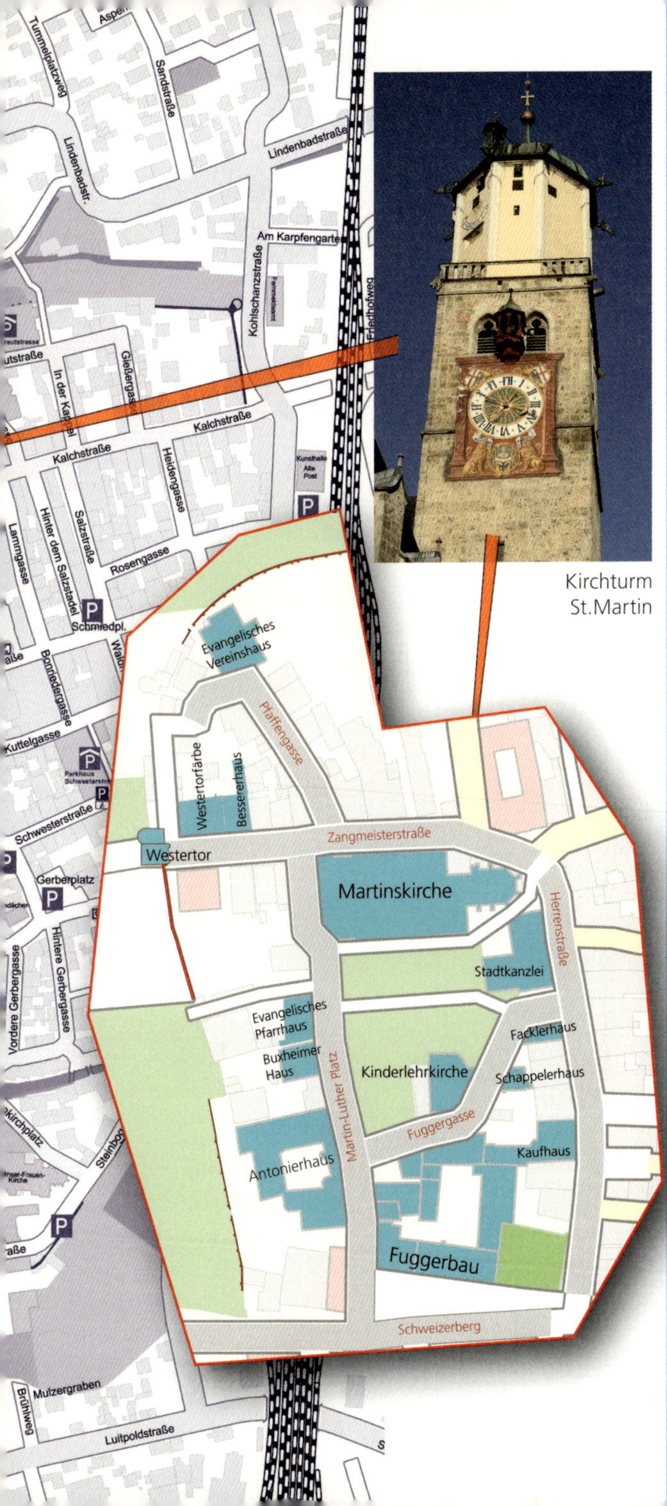

Kirchturm St.Martin

RUND UM DIE MARTINSKIRCHE

Das ausgedehnte Quartier um St. Martin ist eines der ältesten der Stadt. Der Martin-Luther-Platz – bis 1529 Friedhof – ist seit jeher geistliches Zentrum der Stadt, mit Kinderlehrkirche, Antoniterkloster und Memmingens Hauptkirche St. Martin.
Auf *römischen Siedlungsspuren* errichtet ist sie neben der Ulrichsbasilika in Augsburg die größte Ziegelkirche Schwabens. Von hier nahm die Reformation in Gestalt des Predigers Dr. Christoph Schappeler ihren Ausgang. Gegenüber diesem religiös geprägten Bezirk finden sich Handelshäuser der Kaufmannschaft sowie die alte Stadtkanzlei an der Herrenstraße.

MARTINSKIRCH-QUARTIER

St. Martin
(Martin-Luther-Platz)

Der Legende nach begann der Bau der Martinskirche um 926. 1214 übertrug Kaiser Friedrich II. das Patronatsrecht den Antonitern.
Bis ins 15. Jahrhundert wurde in der Kirche eine geschändete Wunderhostie aus dem Benninger Ried verehrt. Am Kirchenbau lassen sich mehrere Bauabschnitte ablesen. Die ersten fünf Joche stammen alle als dem 14. Jahrhundert, sie bestechen vor allem durch die Varianten im Kämpfergesims und der Bogenlaibungen. Das fünfte und sechste Joch sind einfacher ausgeführt. 1489 baute man nach dem Abbruch zweier Häuser

die beiden westlichen Joche. Als letzte Erweiterung wurde unter Zuhilfenahme des Ulmer Münsterbaumeisters Matthias Böblinger 1496 der Chor mit seinem dekorativen Sternnetzgewölbe errichtet.

Am Übergang vom Langhaus zum Chor findet sich aus der Frühzeit der Memminger Reformation ein Kreuzaltar von 1531, ein Relikt der Zuwendung Memmingens zur Confessio Tetrapolitana. Das Innere der Kirche ist relativ schmucklos, einzig Fresken (15. und 16. Jahrhundert) und Gemälde (Johann Friedrich Sichelbein) setzen farbliche Akzente.

Die Darstellung von klugen und törichten Jungfrauen in der Chorlaibung wird Bernhard Strigel zugeschrieben, ebenso die Ausmalung der Zangmeisterkapelle. Der Passionszyklus an der Chorwand datiert ins Jahr 1585 und ist ein ausgezeichnetes Beispiel evangelisch geprägter Malerei. Das zeitgleich erstellte „Jüngste Gericht" (mit dem Memminger Wahrzeichen des „Grünen Teufel") wurde 1813 übertüncht. Im 20. Jahrhundert wieder freigelegte Reste befinden sich auch oberhalb des erst 1845 eingezogenen neugotischen Scheingewölbes, durch das die Kirche fast vier Meter an Raumhöhe verlor. Nach einem Entwurf von Johann Friedrich Sichelbein fertigte Christoph Dittmar im Jahr 1700 die reichverzierte Kanzel. Seit 1998 füllt eine neue Orgel (Goll/Luzern, 62 Register mit 4285 Pfeifen) den Kirchenraum mit Musik.

Martinsbrunnen von Max Pöppel

Chorgestühl

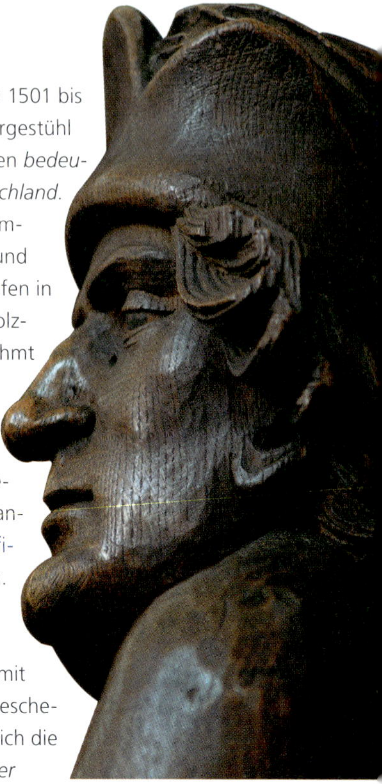

Der Chorraum wird vom 1501 bis 1507 geschaffenen Chorgestühl dominiert. Es zählt zu den *bedeutendesten in Süddeutschland.* Die führenden Memminger Künstler und Handwerker schufen in zwei Reihen 66 Holzskulpturen, eingerahmt von feinen Intarsien und eleganten Schriftzügen.

Memminger Bürger und Bürgerinnen, Geistliche und Ordensangehörige sind mit 22 Wangenfiguren und Bildnissen vertreten. Unter den Baldachinen finden sich 12 Apostel mit Christus, 12 Sibyllen und 10 Propheten mit König Salomon, die das Heilsgeschehen verdeutlichen. Hier zeigt sich die *große Reife spätmittelalterlicher Schnitzkunst in Memmingen.*

Heilige Hildegard

Der Martinskirchturm mit seinen wuchtigen mittelalterlichen Tuffsteinen und dem achteckigen Oberbau von 1537 beherrscht das Stadtbild.

Bis 1927 war der obere Teil städtischer Besitz, hier wohnten und arbeiteten generationenlang die Turmwärter.

Als Bernhard Strigel 1524 den Auftrag zur Bemalung der Uhrumrandung am Martinsturm erhielt, gab der Rat das Bildprogramm vor. Der Leitspruch Mem-

ningens „Domine Humilia Respice“ (Herr, sieh an das Niedere) sollte
benso vorkommen wie das Stadtwappen und ein Bildnis des letzten
taufischen Stadtherrn Konradin. Weisungsgemäß malte Strigel den so
rüh verstorbenen mit langem Haar und weichen Gesichtszügen, so dass
ie Bevölkerung bei Fertigstellung des Gemäldes in ihm das Bildnis der
ll. Hildegard, der Gemahlin Kaiser Karls des Großen erblickte.
either zählt die „Heilige Hildegard“ zu den Sieben Wahrzeichen.

lerzog Welf VI.

ein Name ist untrennbar mit der Stadtwerdung Memmingens verbun-
en. Der 1115 geborene Sohn des bayerischen Herzogs Heinrich IX. des
chwarzen veränderte nach dem Tod seines Sohnes sein Machtstreben
ugunsten einer Förderung von Dicht- und Baukunst. In Memmingen,
o er sich oft aufhielt, stiftete er ein kleines Schottenkloster (heute
Alter Friedhof“ an der Augsburger Straße), in dem er 1191 auch starb.
ein Grab findet sich im Kloster Steingaden. Bereits vor seinem Tod ver-
aufte er seine Ländereien (u.a. die Stadt Memmingen) an die Staufer.

vangelisches Pfarrhaus

Martin-Luther-Platz 5)

uf eine Stiftung von Nikolaus Tagbrecht von 1386 geht das evang.-luth.
farrhaus zurück.

as benachbarte Mesnerhaus wurde im
leichen Jahr von Hans Straler gestiftet
Martin-Luther-Platz 15). Weitere Pfarrhöfe
eihen sich daneben und beschützen seit
hrhunderten Geistliche und ihre Familien.

Buxheimer Haus

(Martin-Luther-Platz 7)

ie Kartause Buxheim, die unter dem Schutz der freien Reichsstadt
tand, erwarb 1406 von Ritter Heinrich von Eisenburg ein Haus bei
t. Martin als Wirtschaftshof und Zufluchtsstätte. Mit der Reforma-
on wandelten sich die Beziehungen zwischen Stadt und Kloster; der
charfe Konflikt mündete 1546 in der Besetzung der Kartause durch
lemmingen. Kaiser Ferdinand I. entzog der Reichsstadt daraufhin 1548

die Schutzfunktion über das Kloster, das sein Stadthaus wieder zurückerhielt und in seine heutige Gestalt versetzte.
Um die Memminger Wirte vor lästiger Landkonkurrenz zu schützen, setzte der Rat 1802 Spione ein, die diejenigen Memminger Bürger melden sollten, „die in Buxheim das wohlfeilere Bier der Kartause trinken wollen". An die wechselvolle Geschichte des Hauses erinnert seit 1929 eine Bemalung; die heutige Fassung stammt von Erich Marschner (1964).

Antonierhaus
(Martin-Luther-Platz 1)

Seuchen und Krankheiten bedrohten die Menschen des Mittelalters, die die Schuld dafür auch im eigenen, mutmaßlich schlechten Lebenswandel suchten.
Hilfe versprachen daher neben den Ärzten vor allem auch Heilige.
So sollte der Heilige Eremit Antonius für Heilung beim Mutterkornbrand einer Lebensmittelvergiftung durch einen schwarzfarbenen Pilz im Roggen helfen. Die Krankheit zeigte sich in abfaulenden Gliedmaßen oder Halluzinationen. St. Antoine in Südfrankreich, am alten Pilgerweg nach Santiago de Compostella gelegen, entwickelte sich rasch zum Zentrum der Behandlung der gefürchteten Krankheit. Ausgehend von diesem Mutterkloster kam es zur Gründung von bis zu 370 Niederlassungen, die als Hospitäler heutigen Fachkliniken vergleichbar waren.
Schon früh, vielleicht bereits durch Herzog Welf VI. am Ende des 12. Jahrhunderts, in Memmingen angesiedelt, betreuten die Mönche ei Gebiet bis nach Brixen und Chur.
Zwei kleinere Vorgängerbauten konnten keine ausreichende Versorgung mehr gewährleisten, daher entschloss sich 1456 der Präzeptor Petrus Mitte de Caprariis zum Neubau der jetzigen Vierflügelanlage.
Bereits vor der Reformation kam es zum schleichenden Niedergang.

531/62 wurde das Kloster aufgehoben und ging in den Besitz der Stadt ber. Das nun „Pfarrhof" genannte Antonierhaus wurde 1804-1814 zur aserne für bayer. Chevauxlegers (Leichte Kavallerie).
ı den folgenden Jahrzehnten gefährdeten Wohn- und Gewerbe- utzungen die historische Bausubstanz.

Erst die Gesamtsanierung ab 1985 durch die Stadt für Bibliotheks- und Museumszwecke (Stadtbibliothek, Strigel- und Antonitermuseum) konnte das herausragende Denkmal vor dem Verfall retten.

Petrus Mitte de Caprariis

Bei Lyon kam um 1416 Pierre Mitte de Chevriéres als Spross einer angesehenen Familie zur Welt. Er übernahm 1439 von seinem Onkel die Antoniterpräzeptorei in Memmingen und studierte von 1442 bis 1450 in Heidelberg und Paris Kirchenrecht. Ab 1456 begann er mit dem Neubau des Memminger Antonierhauses. Er war ein hochgebildeter und gesellschaftlich geachteter Mann, der nach seinem Tod 1479 eine viele Bände umfassende Büchersammlung hinterließ. Seine Sammlung wurde zum Grundstock der Stadtbibliothek, die im 18. Jahrhundert Johann Georg Schelhorn d.A. und d.J. neben ihrer Tätigkeit als Pfarrer bei St. Martin mit großem Engagement verwalteten.

Bernhard Strigel

Als bedeutendster Vertreter der Memminger Künstlerfamilie Strigel gilt der 1460 geborene Bernhard Strigel. Erste Spuren seiner künstlerischen Tätigkeit finden sich in Graubünden. Der Dreikönigsaltar von 1500 ist das Glanzstück des Strigelmuseums im Antonierhaus. Strigel belieferte weite Gebiete Schwabens, Graubündens und Südtirols mit Gemälden und Altären.
Seine besondere Stellung in der deutschen Kunstgeschichte verdankt er seinen Portraits. Waren in der Gotik fast ausschließlich nur sakrale Motive gewünscht, so begann sich unter dem Einfluss der Renaissance das Gewicht auf die Portraitkunst zu verlagern.
Kaiser Maximilian I. ernannte ihn, der neben Dürer und Holbein zu den besten Portraitisten der Zeit zählte, zu seinem *Hofportraitisten.*
Gegenüber des Hauptzugangs zum Antonierhaus befand sich seine Werkstatt. Bernhard Strigel war aber nicht nur künstlerisch, sondern auch politisch als Rat, Zunftmeister oder Richter tätig.

Nachdem er sich bereits 1525 weitgehend von den Amtsgeschäften zurückgezogen hatte, verstarb der hochgeschätzte Künstler und Politiker im Sommer 1528.

<inderlehrkirche

Martin-Luther-Platz)

ìegenüber der wuchtigen Martinskirche bietet lie Kinderlehrkirche einen malerischen Anblick. ie war die Kirche der Antoniterniederlassung, leren Bau sich von 1391 bis 1512 hinzog. n Inneren überrascht die Kirche durch ihre ntime Atmosphäre. Der Sternenhimmel und das resko der Schutzmantelmadonna verdienen esondere Beachtung.

Jm 1521 von Bernhard Strigel im Auftrag von Stadtschreiber Ludwig 'ogelmann geschaffen, zeigt es die unter dem Mantel Marias vor Pestfeilen geschützte Menschheit.
n der Außenwand ebenfalls von Strigel eine Kreuzigungsszene mit ntoniusschwein. Diese Schweine, welche im Besitz des Ordens und mit inem Glöckchen im Ohr gekennzeichnet waren, prägten das Stadtbild ast jeder größeren mittelalterlichen Stadt. Das Füttern der frei herumaufenden Schweine versprach Glück und Segen (*Glücksschwein*).

er Name „Kinderlehrkirche“ bürgerte ch erst Mitte des 18. Jahrhunderts ein. 872 wurde das Innere der Kirche erеuert. Die Kunstschreinerei Leonhard ogt schuf 1887 mit Altar, Taufstein nd Pult ein eindrucksvolles Zeugnis eugotischer Kirchenausstattung.

Stadtkanzlei

(Herrenstraße 15)

An der Herrenstraße steht das Gebäude der ehemaligen Kanzlei der Reichsstadt. Das wohl 1528 neben einem Brothaus errichtete Gebäude wurde zum Zentrum reichsstädtischen Verwaltungshandelns unter Leitung der Stadtschreiber und Kanzleidirektoren. Seit der Mediatisierung Memmingens 1802 dient es staatlichen Behörden als Verwaltungssitz. Der westliche Anbau steht an Stelle einer St. Margarethenkapelle, an die nur noch wenige Wandmalereien im Inneren erinnern.

Ludwig Vogelmann

Geboren 1478 in Schwäbisch Hall, studierte Ludwig Vogelmann Iura in Heidelberg. Als Memminger Stadtschreiber leitete er ab 1508 die Stadtkanzlei, führte über die Ratsbeschlüsse Protokoll und reformierte das Verwaltungswesen. Da er mit der aufkommenden Reformation nicht einverstanden war, verließ er 1524 Memmingen und stellte sich in den Dienst des Augsburger Bischofs. Ausgestattet mit einem kaiserlichen Schutzbrief kam Vogelmann im Januar 1531 in die Stadt zurück, um bischöfliche Angelegenheiten zu klären.
Um ein Exempel zu statuieren, ließ ihn die Stadt aus der Freiung des Antoniterklosters heraus verhaften, foltern und am 9. Januar 1531 wegen Hochverrats auf dem Marktplatz hinrichten.

Friedrich von Lupin

In seiner 1844 erschienenen Selbstbiographie beschreibt Freiherr Friedrich von Lupin (1771-1845), Sprössling eines seit dem 16. Jahrhundert in Memmingen ansässigen Patriziergeschlechts, Dramatisches und Köstliches aus dem Memmingen des ausgehenden 18. Jahrhunderts. Als Stadtkanzleidirektor war ihm schließlich die Aufgabe zugefallen, die Verhandlungen um die Aufrechterhaltung des Reichsstadtstatus zu leiten. Der Rat sandte ihn zusammen mit dem Stadtkassier Elias Bilgram nach Paris. Um den Ärger des bayerischen Kurfürsten über die diplomatischen Aktivitäten Memmingen zu besänftigen, fuhr er anschließend nach München, wo er freundliche Aufnahme fand, auch wenn alle Versuche scheiterten, die Reichsfreiheit zu erhalten.

Nach 1803 war Lupin königlich-bayerischer Oberbergkommissar. Gewiss ein Höhepunkt seines Lebens war 1829 der Besuch König Ludwigs I. auf Schloss Illerfeld bei Ferthofen und seine Erhebung in den Freiherrenstand.

chappelerhaus
-uggergasse 3)

470 stiftete die Familie Vöhlin eine Prädikatur an der Martinskirche und :attete sie u.a. mit diesem Haus aus. Ab 1513 wohnte hier der Prediger nd spätere Reformator Christoph Schappeler. Von 1873 bis 1879 be-ınd sich hier die erste Synagoge der Israelitischen Kultusgemeinde.

:hristoph Schappeler
er Schweizer Theologe, 1472 in St. Gallen geboren, trug wesentlich ım Erfolg der Reformation in Memmingen bei. Sein soziales Engage-ıent, seine aufrüttelnden Predigten und sein charismatisches Auftreten rschütterten die Grundfeste religiösen Lebens. 1524 rief er zur Verwei-erung des Zehnten auf, ließ das Abendmahl in beiderlei Gestalt feiern nd beteiligte sich im folgenden Jahr erfolgreich an einer öffentlichen

isputation. In die Geschichte eingegangen ist er vor allem durch seine rägende Mitautorenschaft an den 12 Bauernartikeln. Kurz vor Ende des auernkrieges verließ Schappeler Memmingen und verstarb 1551 in .. Gallen. Der ehemalige Kartäusermönch Simprecht Schenk trat in ·ine Fußstapfen; im Dezember 1528 wurde wie bereits in Straßburg, onstanz oder Lindau auch in Memmingen die Messfeier abgeschafft.

uggerbau
·chweizerberg 6 / Fuggergasse 5)

581 erwarb Jakob Fugger nach monatelangen Verhandlungen mit er Reichsstadt mehrere Häuser am Schweizerberg, darunter das Haus er Schmiedezunft und Stadthäuser der Familien Reichlin von Meldegg nd Stebenhaber. Er erhielt die Erlaubnis, diese abzureißen und eine

„bürgerliche Behausung" nach Vorbildern in Augsburg und Donauwört zu errichten.

Trotz seinem Zugeständnis, keine weiteren Gebäude zu erwerben, konnte Fugger 1588 und 1597 sein Anwesen zu einem vierflügeligen, drei- bzw. viergeschossigen Verwaltungs- und Ökonomiegebäude erweitern.
1630 wohnte hier Generalissimus Albrecht von Wallenstein, zwei Jahre später fanden hier König Gustav Adolf von Schweden und König Friedrich V. von Böhmen für eine Nacht eine ihnen adäquate Unterkunft. Während Memmingens Besetzung durch bayerisch-französische Truppen zu Beginn des Spanischen Erbfolgekrieges logierten sich hier Bayerns Kurfürst Max Emanuel (1703) und seine Familie (1704) ein. Obwohl um 1800 hier Bürgermeister, Ratskonsulenten oder Stadtphysici wohnten, wird der bauliche Zustand als äußerst schadhaft beschrieben. Erst in den letzten Jahren wurde der Komplex saniert. Im Rückgebäude an der Fuggergasse fanden sich ab 1879 die Mitglieder der noch jungen Israelitischen Kultusgemeinde

um Gebet ein, ehe ein Synagogenneubau 1909 am Kaisergraben zur 'erfügung stand.

Vallenstein 1630

n spektakulärer Anblick bot sich den Memmingern am Nachmittag des . Juni 1630. Bis in die späte Nacht zog Albrecht von Wallenstein mit 6 ;ürsten, 144 Edelleuten, seiner von Piccolomini geführte Leibgarde, Solaten und allerlei Fußvolk, 600 Pferden, 17 Staatswagen, 24 Kutschen nd 60 Packwagen durchs Ulmer Tor in die Stadt.
ast vier Monate liefen die Fäden der kaiserlichen Kriegsführung in lemmingen zusammen, befehligte doch Wallenstein ein Heer von 50.000 Soldaten im ganzen Reich. *Warum aber Memmingen?* eizte ihn die günstige Lage im Schnittpunkt zwischen Regensburg mit em Reichstag und den Kriegsschauplätzen im Elsaß und Italien? Vielicht spielte das in der Nähe Memmingens gelegene Dickenreiser Bad ne Rolle, um dort sein schweres Gichtleiden zu lindern.
ır allgemeinen Erleichterung mischte sich der Generalissimus weder in ädtische noch in kirchliche Belange ein. Am 3. Oktober verließ Wallenein Memmingen, nachdem er vom Reichstag in Regensburg abgesetzt 'urde. Bereits um 1900 gedachte man Wallenstein in Umzügen und neateraufführungen. 1980 initiierte der Fischertagsverein den Vallenstein-Sommer 1630". Diese alle vier Jahre stattfindenden Festpiele entwickelten sich zu einem der *größten ihrer Art in Bayern*.

Kaufhaus

(Herrenstraße 9)

Bis etwa 1560 im Eigentum Eberhard Zangmeisters und seiner Großhandlung nachweisbar, wechselte der Hausbesitz – wie so oft an vielen Stellen der Stadt – häufig von Familie zu Familie. Während Wallensteins Aufenthalt in Memmingen 1630 war hier für einige Tage Prinz Ulrich von Dänemark einquartiert. Wallensteins Astronom Baptista Seni soll im kleinen Türmchen (Seni-Türmchen) astronomische Beobachtung getätigt haben. Beim anschließenden Fuggerbaugarten soll sich das Haus des Memminger Kürschners Sebastian Lotzer befunden haben, des Verfassers der 12 Bauernartikel.

Eberhard Zangmeister

Die Familie Zangmeister besaß Niederlassungen in Lyon und im Fondaco dei Tedeschi in Venedig. Diese zeugen von den erfolgreichen Geschäften mit einheimischen Textilien und Baumwolle, aber auch mit Eisen- und Kolonialwaren. Die Steuerliste von 1521 vermerkt Eberhard Zangmeister (gest. 1539) als reichsten Bürger der Stadt.

Während der turbulenten Reformationszeit hatte er fünfmal das Bürgermeisteramt inne und vertrat Memmingen auch auf dem bedeutsamen Reichstag in Speyer 1526. 1560 kam es zum Konkurs der Zangmeister-Gesellschaft, worauf die männlichen Angehörigen in die Freiung des Kreuzherrnklosters flohen, um dort um Asyl zu bitten.

Letztendlich wurden sie aus der Stadt verwiesen.

Facklerhaus
(Fuggergasse 1)

Zwei Bergfreunde bewohnten im 19. und 20. Jahrhundert dieses Haus: der Erschließer der Lechtaler Alpen, Anton Spiehler (gest. 1891) und der Maler Albert Fackler (gest. 1999), dessen Sujet die heimatliche Bergwelt war, was an der Fassadenmalerei leicht zu erkennen ist.

WESTERTOR-QUARTIER

Westertor
(Zangmeisterstraße 28)

Bis 1647 bot sich das Westertor als hohes Satteldachtor aus dem 14. Jahrhundert dem Betrachter dar. Während der wochenlangen Belagerung am Ende des 30-jährigen Krieges wurde das Tor durch zahlreiche Kanoneneinschläge stark beschädigt.
1648 wurde die Stadtbefestigung wieder erneuert.
Die heutige Form des Westertors geht auf das Jahr 1660 zurück.

Westertorfärbe
(Zangmeisterstraße 26)

In unmittelbarer Nachbarschaft zum Westertor steht ein großes Färberhaus mit offenen Balkenwerk im obersten Geschoss. Darstellungen zum Einzug des ersten Erntewagens nach der großen Hungersnot 1816/17 belegen seine Funktion als Farbhaus der nahen Kattunfabrik. *Memmingen zählte im 18. Jahrhundert neben Ulm und Hamburg zu der besten Ausbildungsplätzen in der Färberkunst.*
1790 wird von 12 Färbereien im Stadtgebiet berichtet.

Bessererhaus
(Zangmeisterstraße 24)

Der Handel mit Leinwand und anderen Textilerzeugnissen machte die Besserer neben den Funk zur bedeutendsten Handelsfamilie der Stadt. Georg (gest. 1522) und sein Sohn Wilhelm (gest. um 1553) besetzten zudem wichtige öffentliche Ämter der Reichsstadt.
Doch bereits 1544 führte Zwist innerhalb der Familie zur Auflösung der Gesellschaft. 1609 erwarb Wilhelm Besserer das im 15. Jahrhundert errichtete Haus in der Zangmeisterstraße. Er ließ es umbauen und gab ihm inmitten der vornehm zu-

rückhaltenden Fassade einen herrschaftlichen Eingangsbereich.
Am Hinterhaus bietet ein wohl von *Conrad Hölderlin* errichteter Treppenturm ein stimmungsvolles Bild damaliger Wohnkultur.

Evangelisches Vereinshaus
(Pfaffengasse 8)

Am Ende der Pfaffengasse bildet das Evangelische Vereinshaus einen repräsentativen Straßenabschluss. 1895/96 vom evangelischen Handwerkerverein errichtet, steht es seither Vereinen, Verwaltungsstellen und Einrichtungen der evangelisch-lutherischen Kirche zur Verfügung.

Stadtmuseum, Zangmeisterpassage, Rathaus, Großzunft, Steuerhaus, St.Johann, Zollergarten

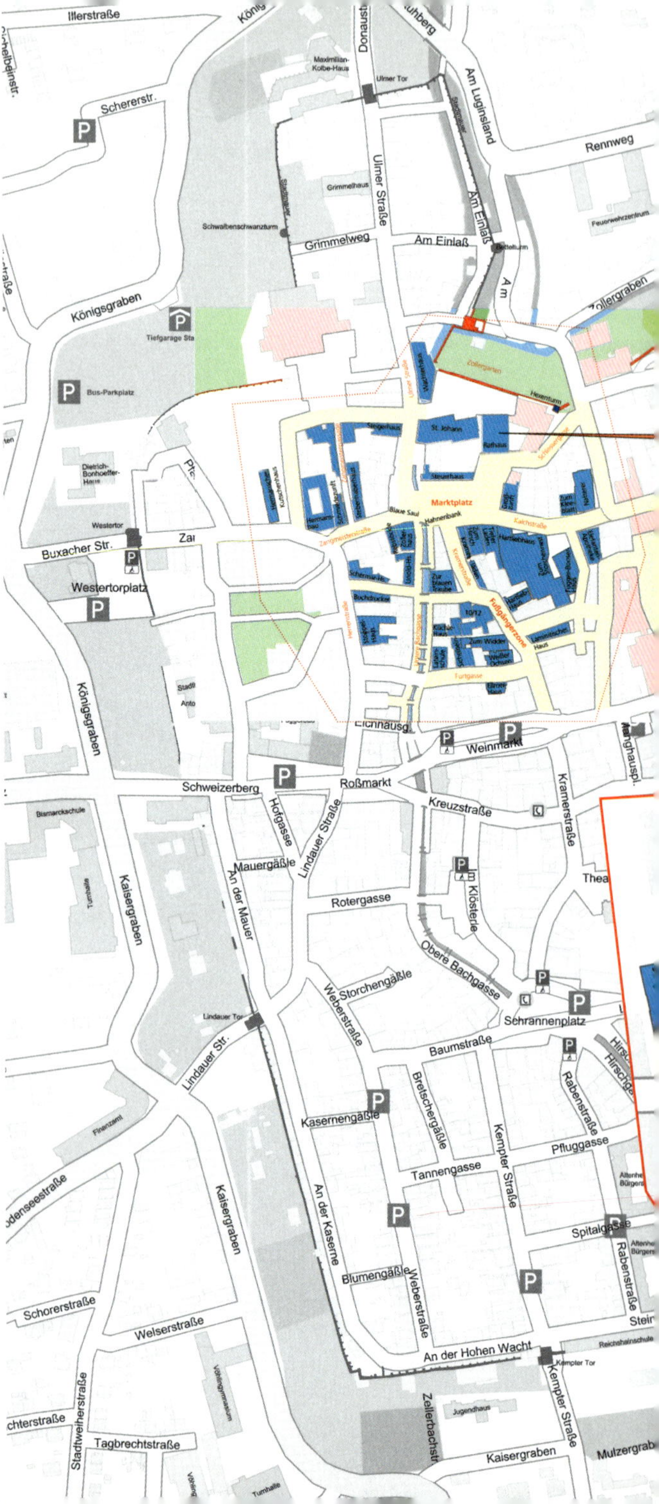

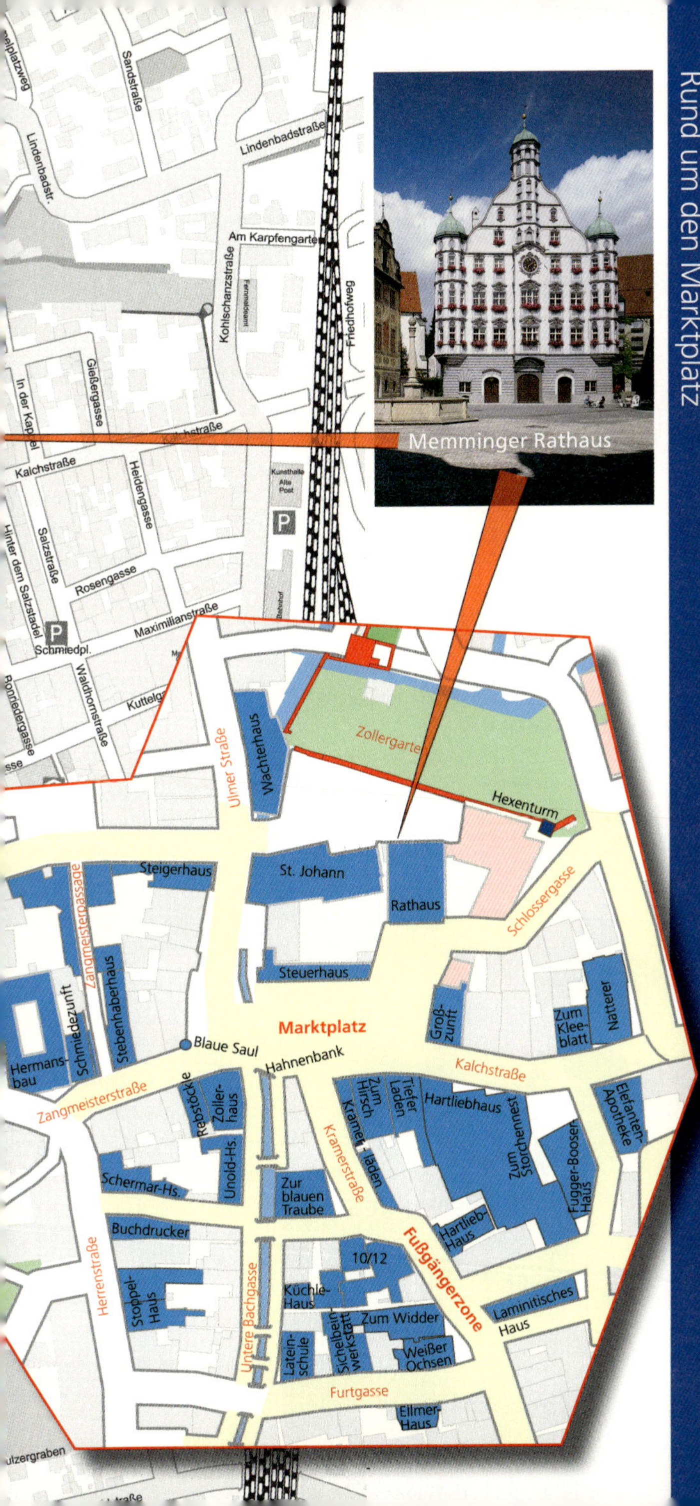
Memminger Rathaus
Sandstraße
Lindenbadstraße
Lindenbadstr.
Am Karpfengarten
Kohlschanzstraße
Friedhofweg
Gießergasse
In der Kappel
Kalchstraße
Heidengasse
Kunsthalle Alte Post
P
Hinter dem Salzstadel
Salzstraße
Rosengasse
Maximilianstraße
Schmiedpl.
Waldhornstraße
Kuttelg
Bahnhof
Zollergarten
Hexenturm
Ulmer Straße
Wachterhaus
St. Johann
Rathaus
Schlossergasse
Steigerhaus
Zangmeisterpassage
Stebenhaberhaus
Schmiedezunft
Hermansbau
Steuerhaus
Marktplatz
Großzunft
Zum Kleeblatt
Natterer
Blaue Saul
Hahnenbank
Kalchstraße
Zangmeisterstraße
Rebstöckle
Zollerhaus
Zum Hirsch
Tiefer Laden
Hartliebhaus
Zum Storchennest
Elefanten-Apotheke
Kramerstraße
Kramerläden
Fugger-Booser-Haus
Unold-Hs.
Schermar-Hs.
Zur blauen Traube
Hartlieb-Haus
Fußgängerzone
Buchdrucker
Herrenstraße
Stoppel-Haus
Untere Bachgasse
10/12
Küchle-Haus
Zum Widder
Laminitisches Haus
Lateinschule
Sichelbeinwerkstatt
Weißer Ochsen
Furtgasse
Ellmer-Haus
ulzergraben

RUND UM DEN MARKTPLATZ

Als „gute Stube" Memmingens wird der Marktplatz bezeichnet, dessen Charme in Süddeutschland seinesgleichen sucht. Eine prachtvolle Stadtlandschaft bildet das architektonische Zusammenspiel von Rathaus, Steuerhaus und Großzunft. Hier am Kreuzungspunkt mittelalterlicher Handelsstraßen schlägt seit jeher das Herz der Stadt. Von hier aus reihen sich repräsentative Bürger- und Patrizierhäuser entlang von Kalchstraße, Kramerstraße, Zangmeisterstraße und Herrenstraße aneinander, darunter das Stadtpalais des Benedikt von Herman (Stadtmuseum).
Jeden Dienstag und Samstag ist hier Wochenmarkt, am Kinderfest hallt der Platz wider vom Singen der Grundschüler, und am Fischertag werden hier die aus dem Stadtbach gefischten Forellen gewogen.

HERMANSBAU-QUARTIER

Hermansbau / Stadtmuseum

(Zangmeisterstraße 8)

Benedikt von Herman ließ 1766-1769 ein vierflügeliges Palais im Stil südländischer Palazzi errichten, dessen dreistöckige, schlossartige Fassaden an West- und Südseite die eindrucksvollen Abschlüsse der Herrenstraße und Zangmeisterstraße bilden. Das prächtige Portal an der südlichen Seite bot genug Raum, um noblen Kutschen die Einfahrt in den stimmungsvollen Innenhof zu ermöglichen. Der westliche Eingang in der Hermansgasse führt über ein barockes Treppenhaus zu den Wohnräumen. Feinste Intarsien, Stuckaturen und Gemälde sorgten für standesgemäßes Wohnen. Das „Chinesenzimmer" ist Ausdruck der damals leidenschaftlichen Vorliebe für alles Asiatische. Der Hermansbau war gesellschaftlicher Mittelpunkt der Stadt und beherbergte hochgestellte Gäste.
1796 logierte hier der französische Prinz Conde; sein republikanischer Gegenspieler General Ferino folgte ihm wenige Tage später. Festtafeln, Bälle und Konzerte

begleiteten den dreiwöchigen Aufenthalt des russischen Großfürsten Konstantin 1799. Ein Jahr später belegte die Räume der französische General Jean-Victor Moreau. 1814 erstrahlten die Stadt Memmingen und ihr größtes barockes Palais in fürstlichem Glanz, als des Heiligen Römischen Reiches letzter Kaiser, nun Kaiser Franz von Österreich, hier auf der Rückreise nach Wien für eine Nacht weilte und überaus festlich empfangen wurde. 1815 wohnte hier Zar Alexander von Rußland; 1829 König Ludwig I. von Bayern mit seiner Gattin Karoline.
1887 ging der Hermansbau in den Besitz der Patrizierfamilie von Wachter über, die seit 1614 der Großzunft zugehörte, erfolgreich Handel (u.a. mit Salz) betrieb und in verschiedenen Bereichen verdienstvolle Spuren in der Stadtgeschichte hinterlassen hat. Seit 1936 befindet sich das Stadtmuseum in den barocken Gemächern: Gezeigt werden dort archäologische Fundstücke, Künersberger Fayencen, barocke Gemäldezyklen von Johann Heiß sowie in den stadtgeschichtlichen Abteilungen Exponate und Dokumente zur Geschichte der Reichsstadt und zum jüdischen Leben im 19./20. Jahrhundert.
Auch das Heimatmuseum Freudenthal/Altvater hat hier seinen Sitz.

Benedikt von Herman

1689 geboren, kam Benedikt mit vierzehn Jahren als Lehrling in ein deutsches Handelshaus nach Venedig. In jungen Jahren übernahm er die Firma und spezialisierte sich auf den An- und Verkauf ganzer Schiffsladungen Gewürze. Für die Bezahlung ihrer italienischen Armee wurde er von den Habsburgern mit dem Ertrag der österreichischen Quecksilberwerke entschädigt. 1750 verlieh ihm Kaiser Franz I. den Reichsadel. *Mittlerweile galt seine Venezianische Niederlassung als das reichste deutsche Handelshaus an der Lagune.* Hochbetagt starb Benedikt von Herman unverheiratet und kinderlos 1782 in Venedig.

Hermansches Kutschenhaus
(Zangmeisterstraße 10)

Das Kutschenhaus der Herren von Herman wurde laut Wappen und Datum im Giebelfeld 1752 errichtet, im späten 19. Jahrhundert vom katholischen Gesellenverein genutzt und 1946/51 zur Metzgerei umgebaut. Am hinteren Ende der Hermansgasse stand bis Ende des 19. Jahrhunderts der ehem. Wirtschaftshof des Klosters Ochsenhausen, danach die Hildegard-Anstalt für Arme, Alte und Kranke (Hermansgasse 4).

Schmiedezunft

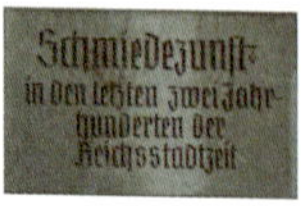

(Zangmeisterstraße 6)

Neben dem südlichen Eingang zur Zangmeisterpassage erinnert das ehemalige Gebäude der Schmiedezunft an Memmingens Zunftwesen. Die kräftigen Konsolen mit dem Erker und ein sogenannter Neidkopf aus der Zeit nach dem 30-jährigen Krieg (zur Abwehr böser

Geister) schmücken das Haus. In der Schmiedezunft, die sich hier im 18. Jahrhundert versammelte, waren Handwerker organisiert, die mit Metallverarbeitung und -veredelung zu tun hatten, darunter auch Büchsenmacher, Uhrmacher und Zinngießer.
Einige Memminger Betriebe hatten in früherer Zeit überregionale Bedeutung erlangt. So exportierte Hans Sprinzing in der Mitte des 16. Jahrhunderts jährlich 14.000 Sensen bis nach Basel und Lyon.

Stebenhaberhaus

(Zangmeisterstraße 4)

Die im Durchgang des Stebenhaberhauses noch sichtbaren Eichenbalken von 1388 zeugen vom hohen Alter des ehemaligen Bürgermeister-hauses. Vor 1521 gelangte es in den Besitz der Familie Stebenhaber,

deren Mitglieder wichtige politische Funktionen in der Stadt innehatten. Die Hausbemalung zur Zangmeisterstraße (Landwirtschaft, Gewerbe und Verwaltung) nimmt Bezug auf die Bezirkssparkasse, die hier von 1927 bis 1938 ihren Sitz hatte.

Schelhornsche Kattunfabrik

(Zangmeisterpassage)

Die gesamte Ostseite des Hermansbaus umfasst das ehemalige Areal einer Kattunfabrik. Unter Bauträgerschaft der Siebendächer-Baugenossenschaft entstand hier die sogenannte Zangmeisterpassage, die 1999 mit dem *deutschen Bauherrenpreis* ausgezeichnet wurde.
Sie setzt Maßstäbe für eine gelungene Symbiose von alter und neuer Architektur. Die Brunnenanlage inmitten der Passage stammt aus der Hand des Memminger Künstlers Jürgen Batscheider.

Bereits 1755 wird Katharina Barbara Schelhorn geb. von Küner als Fabrikantin erwähnt, in den 1770er Jahren ließ sie ein Manufakturgebäude mit Farbhaus, Mang und Walke errichten. Das Unternehmen expandierte rasch, so dass 1798 eine Verlegung vor die Stadt an die Untere Bleiche erforderlich wurde, wo nach einem Brand 1842 der Betrieb eingestellt werden musste.

Steigerhaus

(Marktplatz 13)

Die ältesten Teile des Hauses sind im Innenhof zu sehen, wo sich ein 1612 vielleicht von Baumeister Conrad Hölderlin geschaffener Treppenturm erhebt. 1809 gelangte es in den Besitz des königlichen Appellationsgerichtsarztes Johann Franz Edler von Steiger zu Baldenburg und Thaal, der dem Haus sein Mansardendach und eine klassizistische Fassade verlieh, in deren Mitte ein Allianzwappen die Eheschließung seines Sohnes Franz Xaver 1844 mit Albertine von Zoller dokumentiert.

Blaue Saul

(Marktplatz 8)

Die „Blaue Saul" markiert einen wichtigen Abschluss des Marktplatzes an einem Eckhaus, das mit seinen vorkragenden Stockwerken charakteristischer Bestandteil des Ansichtskartenmotives hinauf zur Pfarrkirche St. Martin ist.

Als Pranger – so die weitläufige Meinung – hat sie nicht gedient, da schriftliche Quellen des 15. Jahrhunderts von einem Pranger in der Mitte des Platzes sprechen. Vielmehr hatte die „Blaue Saul" die Funktion eines Radwagenabweisers. Sie zählt zu den *sieben Wahrzeichen* Memmingens. Die Geschichte darüber ist in der Biedermeierzeit angesiedelt und handelt von einem betrunkenen Ratsmitglied. Als dieser zusammen mit dem Büttel auf dem Heimweg war, hörten beide in der Ulmer Straße einen Handwerksburschen randalieren.

Der Büttel wurde vorgeschickt, während sich der Ratsherr unterdessen an die farblich bis dahin unauffällige Säule lehnte. Als der Büttel zurückkehrte, fand er den Ratsherrn an der nun blau verfärbten Säule.

Hahnenbank
(Untere Bachgasse)

Dem großen Arbeitskräftebedarf in der Landwirtschaft früherer Zeiten verdankt dieses steinerne Brückengeländer seinen Namen. Hier trafen sich jedes Jahr an Jacobi (25. Juli) die arbeitsuchenden Knechte, Mägde und Erntehelfer mit den Bauern. In oberschwäbischen Dörfern bat man anschließend zum Tanz, dessen schönster mit einem Hahn ausgezeichnet wurde. Die Darstellung eines Korbes mit zwei Hähnen an der Hahnenbank wurde 1953 geschaffen.

Max-Unold-Haus
(Untere Bachgasse 13)

Das Geburtshaus des Malers Max Unold (1885-1964) schmiegt sich eng an den Stadtbach. Unold begann sich ab 1906 der Malerei zu widmen. Die konservative Ausbildung an der Münchner Akademie ergänzte er durch einen fast dreijährigen Aufenthalt in Südfrankreich. Bereits im Jahr seiner Rückkehr 1913 erhielt er auf der Frühjahrsausstellung der Münchner Sezession die *Goldmedaille* für seine „Dame in Blau“.

Zollerhaus

(Marktplatz 7)

Vom ursprünglich barocken Glanz des Zollerhauses künden noch die großzügigen Bögen, die den Blick vom Marktplatz zum Martinskirchturm lenken. Die große Bedeutung dieses Hauses wird an den wiederholten Aufenthalten von Kaiser Friedrich III. (1488) und Maximilian I. (1489, 1494) deutlich.
Ab 1641 war es im Besitz der aus Feldkirch zugewanderten Familie Zoller.
Ihre Geschäftsverbindungen reichten zeitweilig bis nach Bozen, Neapel, Palermo, Malaga und Cadiz; 1637 ernannte man Jerg Zoller zum *Konsul des deutschen Reiches am Fondaco dei Tedeschi in Venedig*.
In der städtischen Verwaltung erreichten sie höchste Ämter, zuletzt Ulrich Benedikt von Zoller, Bürgermeister von 1855 bis 1865.
Mit dem Tod seiner Witwe Rosa 1908 ist die Familie erloschen.

Zum Rebstöckle

(Zangmeisterstraße 1)

Ins 18. und 19. Jahrhundert reicht die Geschichte der ehemaligen Weinstube „Zum Rebstöckle" zurück.

Im Nachbarhaus (Zangmeisterstraße 3) wohnte einst Stadtarzt Dr. Adam Zwicker (gest. 1587), der wie schon sein Vorgänger Ellenbog als Verfasser einer Pestschrift bekannt geworden ist.

Schermar-Haus

(Herrenstraße 22)

Im 16. Jahrhundert im Besitz Hans Ehingers, bewohnte um 1800 die Familie von Bürgermeister von Schermar das geräumige Haus mit östlich anschließendem Hof, ehe es wie so viele in der Herrenstraße wenige Jahre später in bürgerliche Hände überging.
Nach der gewaltsamen Verdrängung der jüdischen Pferdehändler-

'amilie Einstein aus Gewerbe und Haus 1938 fand hier das Stadtbauamt bis zum Jmzug in den Verwaltungsneubau beim Rathaus Aufnahme.

Ein Steinrelief von Max Pöppel erinnert an den hier geborenen sudetendeutschen Geschichtsschreiber Constantin von Höfler (1811-1897).

Aus Pöppels Hand stammt auch der nach Ende des Zweiten Weltkrieges errichtete Brunnen unterhalb des Hochchors von St. Martin (Seite 17).

Hans Ehinger (1487-1546)

m Auftrag der Vöhlin und Welser unternahm Hans Ehinger zahlreiche Reisen. Er befasste sich dabei nicht nur mit der Kolonisation Venezuelas, ondern auch mit der Finanzierung der Kaiserwahl von Karl V.
ein Bruder Ulrich war kaiserlicher Rat. Hans war an der Einführung der Reformation in führender Stellung beteiligt. Seine Weltoffenheit, sein iplomatisches Geschick und seine verwandtschaftlichen Beziehungen u Ambrosius Blarer in Konstanz und den Neidhart in Ulm ließen ihn u einer der Schlüsselfiguren der Reformation werden. Als die Städte Konstanz, Straßburg, Lindau und Memmingen sich 1530 zur „Confessio etrapolitana" bekannten, geriet Ehinger beim Reichstag in Augsburg in Konflikt mit Kaiser Karl V. Die Städte sollten ihrem „grausamen Irrtum" bschwören. Ehinger und der Memminger Rat wollten für ihre Glaubensberzeugung nicht die gesamte Verantwortung übernehmen.
er Rat befragte schließlich seine männliche Bürgerschaft.
on 812 Abstimmungsberechtigten stimmten 751 für die neue Lehre.
531 trat Memmingen dem Schmalkaldischen Bund bei, um in der Gemeinschaft mit evangelischen Potentaten und Städten den kaiserlichen orderungen widerstehen zu können.
n darauffolgenden Jahr zog sich Hans Ehinger aus der Politik zurück.

Ehem. Buchdruckerei

(Herrenstraße 20)

Mit seiner 1803 gegründeten Druckerei trat Johannes Rehm in die Fußstapfen Jakob Mayers, der in Memmingen von 1772 bis zu seinem Tod 1802 eine Buchhandlung betrieben hatte.
Ins Jahr 1804 datiert die erste Ausgabe einer „Memminger Zeitung".
1838 ging der Betrieb an Carl Fischach über, der hier in Konkurrenz zu Christoph Müllers Druckerei in der Kalchstraße Gesangbücher, gelehrte Schriften, Leichenpredigten und Hochzeitsgedichte druckte.
Heute erinnert nurmehr der Name der *Buchdruckergasse* an diese wichtige Kommunikationseinrichtung innerhalb der Stadtmauer.

Stoppelhaus

(Herrenstraße 14/16) Obwohl in seinem heutigen Aussehen ein Produkt des 16. Jahrhunderts, gehört das Stoppelhaus zur ältesten Bebauung der Stadt. Benannt wurde das Haus nach Dr. Jakob Stoppel (gest. 1535).

Dr. Jakob Stoppel

Eine fakultätsübergreifende Bildung war in der Aufbruchszeit der Renaissance üblich. So studierte auch Jakob Stoppel neben Medizin Grammatik, Geometrie, Astronomie und Rhetorik. 1501 kam Dr. Stoppel nach Memmingen und wurde vom Rat als Stadtphysikus bestellt.
1519 druckte Albrecht Kunne einen von Dr. Stoppel verfassten Kalender mit Anweisungen zur Gesundheitssorge sowie sein geographisches Lexikon aller „Meere, Quellen, Flüsse, Berge, Völker, Staaten und Städte der bereits bekannten Welt", der sich nur in Memmingen und in London erhalten hat.
Darin findet sich eine der *frühesten Beschreibungen des erst 27 Jahre zuvor entdeckten Amerika.*

Badstube

Am Bach, in der Unteren Bachgasse 7, befand sich die Badstube der Armen.

ateinschule

Untere Bachgasse 2)

)ie höhere Schulbildung der Stadt war bis 1572 in diesem Eckhaus ıntergebracht. Das kleine 1976 freigelegte Wandfresko zeugt von der Geschichte des Hauses. Unterrichtet wurde in Latein, Griechisch, Logik, Geschichte, Rhetorik, Poesie und Theologie. Ab der 4. Kasse durfte ıur noch Latein gesprochen werden. Um die Disziplin der Schüler zu 'erbessern, erließ der Rat in der Mitte des 15. Jahrhunderts verschärfte 'orschriften. Den Schülern war es künftig nicht nehr gestattet „zu tanzen oder des Nachts oder Tags mit langen Messern auf den traßen zu gehen". 1449 kam es gar zur Ausweisung aller Schüler aus der Stadt. 572 wechselten Lateinschule und Almosasten ihre Gebäude. etzterer war 1529 ins Gebäude des aufelösten Elsbethenklosters verlegt worden.

/lit dem Ankauf durch den Weinhändler nd Gastwirt Espenmüller begann die letzte hase der Hausgeschichte als Weinstube unter den Jamen „Zu den drei Mohren" und „Weber am ach".

Martin Crusius

Der 1526 bei Bamberg geborene Martin Kraus (lateinisiert Crusius) reformierte nach seiner Ausbildung in Ulm und Studien in Straßburg das Memminger Bildungswesen ab 1554 umfassend. Seine Schulordnung sollte für die nächsten Jahrhunderte richtungsweisend bleiben, obwohl er bereits 1559 entlassen wurde und sich fortan und bis zu seinem Tod 1607 in Tübingen als Hochschullehrer für lateinische und griechische Sprache großer Beliebtheit erfreute.

Sichelbeinwerkstatt

(Furtgasse 6)

Das im 19. Jahrhundert umgestaltete Haus beherbergte die Werkstatt des Memminger Künstlers Hans Conrad Sichelbein, gestorben 1667.

Ellmerhaus

(Furtgasse 9)

Mitglieder der hier wohnenden Familie Ellmer besetzten nicht nur von 1665 bis 1800 das Türmeramt auf dem Martinskirchturm. Über Generationen waren Vertreter dieser Familie auch als Kantoren, Organisten und Leiter des Collegium Musicum zuständig für musikalische Bildung und Aktivitäten in der Reichsstadt.

Weißer Ochsen

(Kramerstraße 18)

Die ehemalige Wirtschaft zum Weißen Ochsen kann auf eine fast vierhundertjährige Geschichte zurückblicken. Die Kramerstraße öffnet sich zu einem kleinen Platz, um Kutschen und Fuhrwerken Gelegenheit zum Halten und Wenden zu geben. Mit Christoph Rheineck wurde das Haus ab 1776 zum Künstler-Treffpunkt, in dem aber auch politisch bedeutende Persönlichkeiten wie König Wilhelm I. von Württemberg (1815) logierten. 1841 ging die Geschichte des Wirtshauses zu Ende.

Christoph Rheineck

Als Sohn eines Kupferschmieds 1748 geboren, lag Rheinecks späterer Lebensweg als Komponist und Gastwirt noch in weiter Ferne. Obwohl er ursprünglich das väterliche Handwerk ausüben sollte, entschied er sich für eine kaufmännische Ausbildung. Als er 1769 nach Lyon versetzt wurde, nahm sein Leben eine neue Richtung. Aktiv nahm er am Musikleben der Stadt teil und erlebte am 9. August 1774 die Auführung seiner eigenen Oper „Pygmalion". *„Le Grand Rheineck"*, wie er n Lyon genannt wurde, gewann die Aufmerksamkeit des französischen inanzministers Turgot, der ihm eine Stelle beim Finanzpachtamt in Paris nbot. Die hochfliegenden Pläne zerplatzten, 1776 kehrte Rheineck nach Aemmingen zurück und erwarb das Gasthaus „Zum Weißen Ochsen". s wurde zu einem musikalischen und literarischen Mittelpunkt Aemmingens, in dem sich zahlreiche Künstler trafen, darunter der Aemminger Hutmacher und Dichter Christoph Städele (gest. 1811) , der)ichter Christian Friedrich Daniel Schubart (gest. 1791) und der Librettist ler Zauberflöte, Emanuel Schikaneder. Rheinecks Liedersammlung, wischen 1779 und 1792 komponiert, erfreuen bis heute das Publikum. Ioch angesehen verstarb Christoph Rheineck 1797.

:um Widder

Kramerstraße 16)

wischen 1405 und 1810 erhielten die esitzer des Ende des 14. Jahrhunderts errichteten Hauses von den drei Iachbarn im Gegenzug für die Überlassung eines Stücks Grund und oden alljährlich zu St. Martin eine Gans. Das Giebelfachwerk von 1528 vurde 1978 freigelegt und die 1832 überputzten Wappen früherer Iausbesitzer nach einer alten Vorlage wieder angebracht.

<ramerstraße 10/12

n der engsten Stelle der Kramerstraße, durch ie sich bis 1972 die Bundesstraße zwischen Ulm und empten zwängte, stehen zwei stark in die Kramerstraße ineinragende, im Jahr 2004 komplett sanierte Häuser. as mit einem eleganten Fachwerk verzierte Eckhaus überrascht vom Gewölbekeller bis zum lichtdurchfluteten Dachgeschoss mit einer Kombination von alter und neuer Architektur.

Küchle-Haus
(Untere Bachgasse 6)

Johann Georg Küchle war seit 1791 Präzeptor der Lateinschule. Nach der Mediatisierung der Reichsstadt engagierte er sich als Reformer im Schulwesen und Verfasser von Lehrfibeln und Lehrplänen. 1805 wurde er zum Rektor und Professor der neuerrichteten „höheren Töchterschule" ernannt.

Zur Blauen Traube
(Kramerstraße 8)

Die Wirtschaft zur Blauen Traube in der Kramerstraße (Fußgängerzone) gab im 18. Jahrhundert dem kleinsten der Memminger „Stöcke" mit nur drei trapezförmigen Häusern seinen Namen. An der Bachseite des mittleren Hauses findet sich eine Dreigesichtsmaske, ein sogenannter Neidkopf aus dem 17. Jahrhundert. Er diente zur Abwehr böser Geister.

KRAMER-QUARTIER

Laminitsches Haus
(Kramerstraße 15)

Erfolgreiche Geschäfte in Venedig setzten 1788 den Kaufmann Veit Ludwig Laminit in die Lage, das Gasthaus „Zum Goldenen Bären" zu erwerben.

Er ließ es umbauen, so dass hier 1799 der russische General Suworow eine seiner Stellung adäquate Unterkunft finden konnte. Der „Schrecken des Nordens" brachte für kurze Zeit mit Bällen und Festen den Glanz der großen Welt in die Mauern der vom Krieg schwer belasteten Reichsstadt.
Die Wetterfahne gibt einen Hinweis darauf, dass 1835 die Gasthaustradition wiederbelebt wurde. 1928 baute die jüdische Firma Wohlwert das Haus zum modernsten Kaufhaus um. Mit der „Arisierung" im November 1938 ging das Gebäude an

die Stadtsparkasse über, die es zu ihrer damaligen Zentrale umbauen ließ.
1997 schuf der Künstler Helmut Ackermann die vor dem Haus stehenden Plastiken „Bulle und Bär".

Hartliebhaus
(Kramerstraße 11)

Die Familie Hartlieb wohnte in einem der schönsten Barockhäuser Memmingens. Beim Hausbau 1730 entstand das Wappen (Hermann/ Mayr) über dem Eingang.

Kramerläden am Marktplatz
(Kramerstraße 1)

Finanzielle Schwierigkeiten durch hohe Kriegslasten zwangen den Rat 1634 das seit etwa 1570 städtische Haus mit den acht gewölbten Kramläden zu verkaufen. Zusammen mit dem Haus „Unter den Bögen" (Kramerstraße 5) bildet es ein eindrucksvolles Ensemble am Beginn der Kramerstraße.

Zum Hirsch
(Marktplatz 6)

Christoph Schorer berichtet in seiner Chronik unter dem Jahr 1589 nicht nur vom Neubau des gegenüberliegenden Rathauses, sondern auch von der Errichtung des Gasthauses „Zum Hirsch" als Herberge für Gäste der Stadt. Bekannt wurde das Gasthaus 1633 als Aufenthaltsort des Kroatengenerals Isolani: Als dieser den gesamten Rat verhaften und nach Tirol verschleppen ließ, verschonte er nur einen Ratsherren - seinen Wirt.
Die Wirtschaft stellte 1919 ihren Betrieb ein.
Der seit Mitte des 19. Jahrhunderts herrschenden Vorliebe für historisierende Fassadengestaltung verdankt das Nachbarhaus „Tiefer Laden" (Marktplatz 5) einen neugotischen Stufengiebel.

Hartliebhaus

(Kalchstraße 2)

Um drei Achsen springt das Haus aus der Straßenflucht der Kalchstraße hervor. Im Kern noch aus dem 16. Jahrhundert, wurde es 1790 im Empirestil erneuert. Besonders der Blick nach Westen zum Zwerchhaus zeigt die Eleganz des Hauses, das ursprünglich das Wirthaus zur Glocke war. Die Familie Hartlieb mit dem Beinamen „genannt Walsporn" ist seit 1485 in Memmingen quellenmäßig belegt. Mitglieder der Familie bekleideten die höchsten Ämter der Stadt, darunter Johann Sigmund von Hartlieb, dessen 50jähriges Amtsjubiläum als Richter, Rat, Geheimer Rat, Scholarch, Kriegsherr und Bürgermeister 1742 gefeiert wurde. Zu Beginn des 20. Jahrhunderts sind die Memminger Familienzweige erloschen.

Zum Storchennest

(Kalchstraße 4)

Dass Störche sich bereits 1600 hier niederließen, kann in alten Chroniken nachgelesen werden. Die Störche, die früher in großer Zahl das Benninger Ried bevölkerten, erkoren den geräumigen Kamin als einen beliebten Nistplatz.
Alter und Bedeutung des Hauses für die Stadtentwicklung spiegelt sich in einer kleinen Randnotiz aus dem Jahr 1450 wieder, in der es als „Stainhus" bezeichnet wird, während einfachere Häuser überwiegend aus Fachwerk errichtet wurden. 1979/80 wurde das Haus grundlegend umgebaut.

Fugger-Booser-Haus

(Kalchstraße 6)

Dass hier bereits 1576 eine Wasserleitung erwähnt wird, zeigt die Bedeutung des Hauses und seiner Bewohner. Namensgebend waren Karl Fugger und Gräfin Katharina Fugger. Ab 1769 folgten weitere bedeutende Familien als Hausbesitzer. Die Wappen aller Besitzerfamilien wurd bei der Renovierung des Cafés Odeon an der Hausfassade angebracht und bei der Innen- und Außenrenovierung 1984 erneuert.

Die vor dem Haus auf dem „Krautmarkt" aufgestellten „Ratschkattln" entstanden posthum nach Entwürfen des 1989 verstorbenen Memminger Künstlers Max Pöppel.

:hristoph Schorer

ein Vater, Dr. Christoph Schorer (1585-1651) konnte als Gesandter der eichsstadt in Münster sein Verhandlungsgeschick zeigen und im Namen er Reichsstadt die Westfälischen Friedensverträge unterzeichnen.
ie Wege seines Sohnes Christoph (1618-1671) führten zuerst weit fort on der beschaulichen Reichsstadt. An den Universitäten in Straßburg nd Basel absolvierte er das Studium der Philosophie, Medizin, Mathe-atik und „Sternkunst". 1654 promovierte er in Padua zum Doktor er Medizin. Mit 36 Jahren kehrte er in seine Geburtsstadt zurück und hielt die Stelle des Stadtphysikus. Er gründete hier 1655 das Collegium usicum und war selbst Komponist und Geiger. Er verfasste mehrere alender, in denen er neben einem Mondkalender alte und neue Zeit-chnung gegenüberstellte. Da sich das evangelische Deutschland erst 700 zur Übernahme des 1582 von Papst Gregor XIII. eingeführten euen Kalender entschloss, existierten in der Zwischenzeit zwei unter-hiedliche Zeitrechnungen. Neben medizinischen Werken verfasste horer 1660 Memmingens erste gedruckten Chronik über Kaiser, irger und Bauern, von der hohen Politik bis zur Mühsal des Alltags – horer berichtet in ihr detailgenau und unterhaltsam.

lefantenapotheke

:alchstraße 8)

it der Ausdehnung der Stadt im 13. Jahrhundert durch die aufer verlor das Gebäude seine strategische Bedeutung s letztes Haus vor dem Inneren Kalchtor. Seit der ersten hriftlichen Erwähnung 1282 liest sich die Besitzergeschichte fast wie ne Namensliste der in der Großzunft vereinigten Kaufleute.
as Haus wurde 1845 von Julius Rehm zur Apotheke umgebaut.
s begeisterter Botaniker untersuchte er zusammen mit Dr. Joh. Chr. uber Memmingens Flora. Viele der von ihnen erfassten Pflanzen sind eute nicht mehr aufzufinden.

RATHAUS-QUARTIER

Natterer
(Kalchstraße 9)

Entlang des Ratzengrabens, unter dem der Kanal der Stadtmetzg floss und gefräßige Tiere anzog, verlief die Mauer um den ältesten Memminger Stadtkern am verschwundenen (inneren) Kalchtor.

Ein über neun Meter hoher, völlig fensterloser Wehrturm aus Tuffstein im rückwärtigen Teil des Gebäudes verweist auf die hohe Bedeutung des Hauses und wohlhabende Bewohner. Einer von ihnen war Hans Stebenhaber (gest. 1519), geschäftlich mit der „Großen Ravensburger Handelsgesellschaft" verbunden, mehrfach Bürgermeister, Richter und Rat sowie Besitzer der Dörfer Boos und Reichenau. Da die Errichtung des Chorgestühls in der Martinskirche in seine Amtszeit fiel, finden sich dort seine Büste und die seiner Frau Barbara Besserer.

Zum Kleeblatt
(Kalchstraße 7)

Die Einteilung der Fensterfront und der geschweifte Giebel mit seinen zaghaften barocken Ansätzen geben diesem Haus sein elegantes Aussehen.

Großzunft
(Marktplatz 4)

453 entstand hier eine erste „Trinkstube" für Memmingens reiche
aufleute („Großzunft"). Nach ihrem Abbruch errichtete Stadtwerk-
neister Johannes Wannenmacher 1718/19 einen Neubau. Das Chrono-
ramm über dem Eingangsportal lautet: „TV PATRIAM ET PROCEREIS
ONSERVA IN FOEDERE IOVA" (Erhalte du, o Gott (Jehova), die Vater-
tadt und die Adeligen im einträchtigen Bunde). Nach der Mediatisie-
ung der Reichsstadt verlor die „adelige Gesellschaft zum goldenen
öwen" als korporative Einrichtung seine herausragende Stellung. 1834
rwarb die Stadt das Gebäude, das seither eine Vielzahl städtischer und
taatlicher Behörden beherbergte. Vom Balkon verfolgt alljährlich der
berbürgermeister beim Kinderfest das Tanzen und Singen der Schüle-
nnen und Schüler der Memminger Grundschulen auf dem Marktplatz.

athaus

as Rathaus ist neben den Kultstätten des rchlich-religiösen Lebens das herausra-ende Bauwerk jeder Stadt. Als Spiegelbild er Entwicklung eines Gemeinwesens von einer andwerklich-dörflichen Siedlung bis hin zur Stadt darf es als eigent-ches Wahrzeichen einer Stadt angesehen werden. Für Versammlungen nd Festlichkeiten des Rates sowie für Verwaltung und Organisation der ädtischen Belange bedurfte es eines eigenen Hauses. Erstmals erwähnt erden eine kleine und eine große Ratsstube in den Jahren 1394 bzw. 400 an der Stelle des heutigen Rathauses. 1488 wird eine „neue Stube uf der oberen Lauben" des Rathauses errichtet. Von der Laube herab urden die Beschlüsse des Rates der Stadtbevölkerung verkündet.
ach Verkürzung des Steuerhauses konnte 1589 mit dem Neubau be-onnen werden. Ergebnis der mehrjährigen Arbeiten war der großartige iebelbau mit dem riesigen Dachstuhl, wie er noch heute zu sehen ist. egliedert durch drei Erker mit achteckigen Türmchen und kupfernen

Hauben im Stil der Renaissance bildet das Rathaus seither den Mittelpunkt im Ensemble mit Großzunft, Steuerhaus und Bürgerhäusern am Marktplatz. In der zweischiffigen Halle mit dem Kreuzgratgewölbe über Terrakottagurten befand sich einstmals die große Stadtwaage.
1764/65 wurde das Rathaus durch die beiden Maurermeister Johann Georg Knoll und Jakob Mitteregger, einem Sohn Salzburger Emigranten, renoviert und mit einer neuen Fassade im Rokokostil versehen. In den Oberlichtgittern wurden die Wappen der damaligen Mitglieder des Geheimen Rates angebracht. Die Uhr stammt aus dem Jahr 1878.
Von 1906 bis 1908 erfolgte eine umfassende Umgestaltung von Treppenhaus, Sitzungssälen und Bürgermeisterzimmer im Stil des Neubarock
Auf dem Marktplatz wurde erstmals 1565 ein steinerner „Röhrkasten" errichtet. Der heutige Brunnen ist eine etwas verkleinerte Nachbildung des 1688 erbauten Brunnens.

Steuerhaus
(Marktplatz 16)

1494/95 wurden beim Neubau des Steuerhauses ältere Kramerläden in seine 20 Bögen integriert. In den oberen Geschossen hatten der Geheime Rat und die Finanzverwaltung ihren Sitz. Jährlich wurde die Bürgersteuer erhoben, wobei sich jeder Bürger selbst veranlagte und beschwören musste, sein Hab und Gut aufrichtig angegeben zu haben.
1522/1563 wurde das Haus um insgesamt 3 Bögen verkürzt und 1708 um ein Stockwerk erhöht. Seine städtebauliche Wirkung verbindet wie eine Klammer den Platz vor dem Rathaus mit dem westlichen Fischmarkt. Nach einem Vermächtnis durch die Bürger meisterswitwe Rosa von Zoller 1909 bemalte Prof. Widemann aus München die Fassade in neubarocken Formen mit einer Stadtansicht in der Mitte.

1879 wurde der ursprünglich viergeschossige Münzturm zum Treppenhaus umgebaut und teilweise abgebrochen.

St. Johann
(Marktplatz 14)

Das kleine Augustinereremitenkloster wurde wohl um 1280 gegründet. Die Mönche lebten nicht in Eremitagen, sie suchten als Bettelorden die städtische Gesellschaft, wo sie mit ihren aufrüttelnden Predigten großen Anklang fanden. Der Chor der erste Klosterkirche wurde 1445-48 neu errichtet, finanziert durch den Patrizier Diepold Zwicker (gest. um 1455). 1484-87 begann der Neubau des Langhauses und der Klostergebäude. Ab Mitte des 15. Jahrhunderts am es zu einem fortschreitenden Sittenverfall, welcher schließlich 1531 mit der Vertreibung des Priors und der letzten zwei Mönche endete. 1538 wurde das Kloster aufgehoben, die wertvolle Klosterbibliothek verkauft und die Höfe in Memmingerberg, Amendingen, Pleß und Westerheim zu Gunsten der Stadt eingezogen. 1547 in ihre alten Rechte wieder eingesetzt, sahen sich die Mönche nun vorwiegend als Beichtväter und Seelsorger im katholischen Umland. 1716 wurden Kloster und Kirche barockisiert. Nach der Säkularisation wurde die Klosterkirche 1807 zur katholischen Pfarrkirche St. Maximilian, seit 1843 St. Johann. Es folgte 1865-67 ein umfassender Kirchenumbau, bei dem die Seitengewölbe abgeschlagen wurden. Ein weitgreifender, höchst umstrittener Umbau beraubte sie 1961 ihres gotischen Schmuckes.

Wachterhaus
(Ulmer Straße 2)

An Stelle des früheren Wachterhauses errichtete die Memminger Wohnungsbaugenossenschaft 1962 ihr Geschäfts- und Verwaltungsgebäude. Die Ostfassade am Stadtbach schmücken seit 1970 Etappen der Memminger Geschichte aus der Hand Erich Marschners.
Auf dem freien Platz hinter dem Rathaus stand einst die Büttelei mit dem Gefängnis der Reichsstadt.

Zollergarten
Der 1774 durch Bürgermeister Johann Jakob von Zoller in barocker Form und Ausstattung angelegte Privat- und Familiengarten samt Gartenhaus und einer Reihe exotischer Früchte und Pflanzen ging per Vermächtnis der letzten Familienangehörigen Rosa von Zoller 1908 in den Besitz der Stadt über.
Im Gartenhaus befindet sich seit 1996 die Geschäftsstelle des Fischertagsvereins.

Hexenturm
(Schlossergasse)

Als ältester von ursprünglich drei Gefängnistürmen (Folterturm und Diebsturm) gehört der erst im 19. Jahrhundert sogenannte Hexenturm zu den frühesten Befestigungsbauten der Stadt. Ob hier tatsächlich die verhafteten und der Hexerei beschuldigten Personen einsaßen, ist nicht gesichert.
In Chroniken und Gerichtsunterlagen sind drei Phasen der Hexenverfolgung erwähnt: 1575, ab 1656 und 1663. An Stelle des 1964 errichteten städtischen Verwaltungsgebäudes („Welfenhaus") stand einst das Mauthaus der Reichsstadt (Rathausgasse 2), in dem der Großzoller residierte.

Stadthalle, Parishaus, Grimmelhaus, Einlass

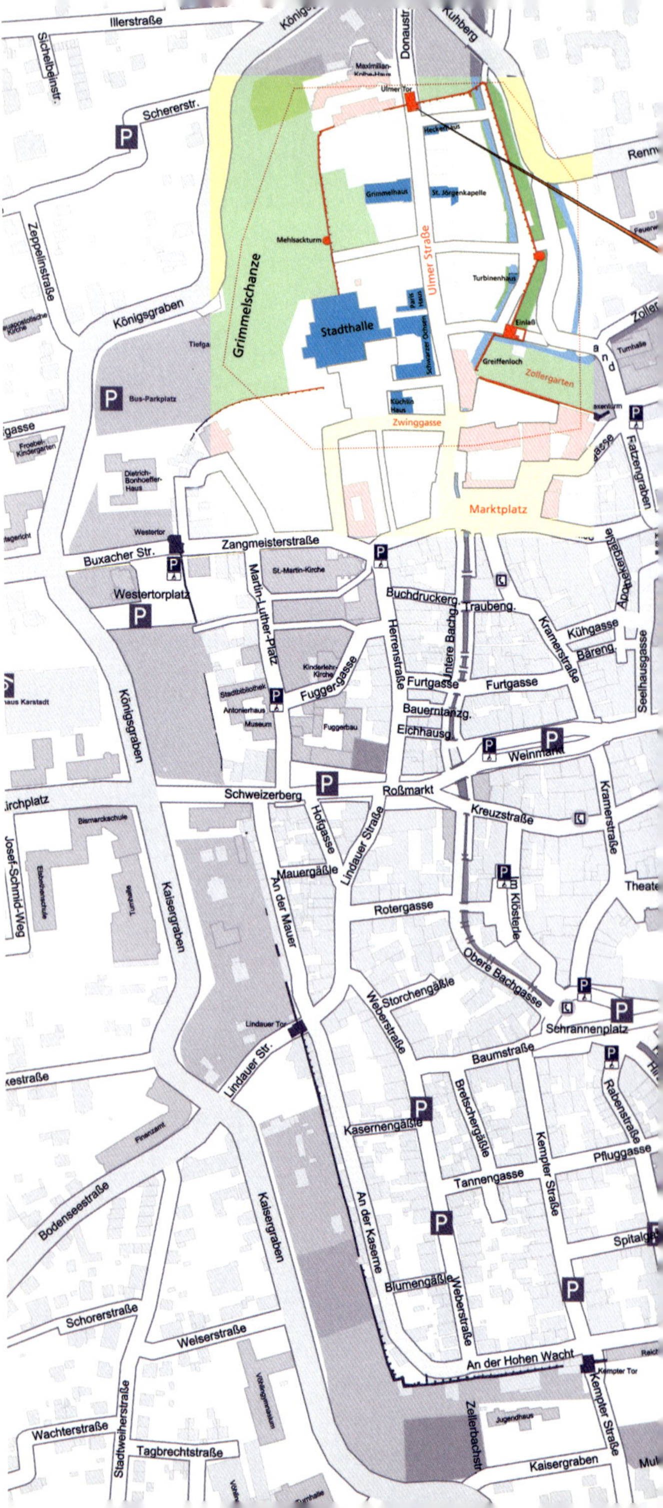

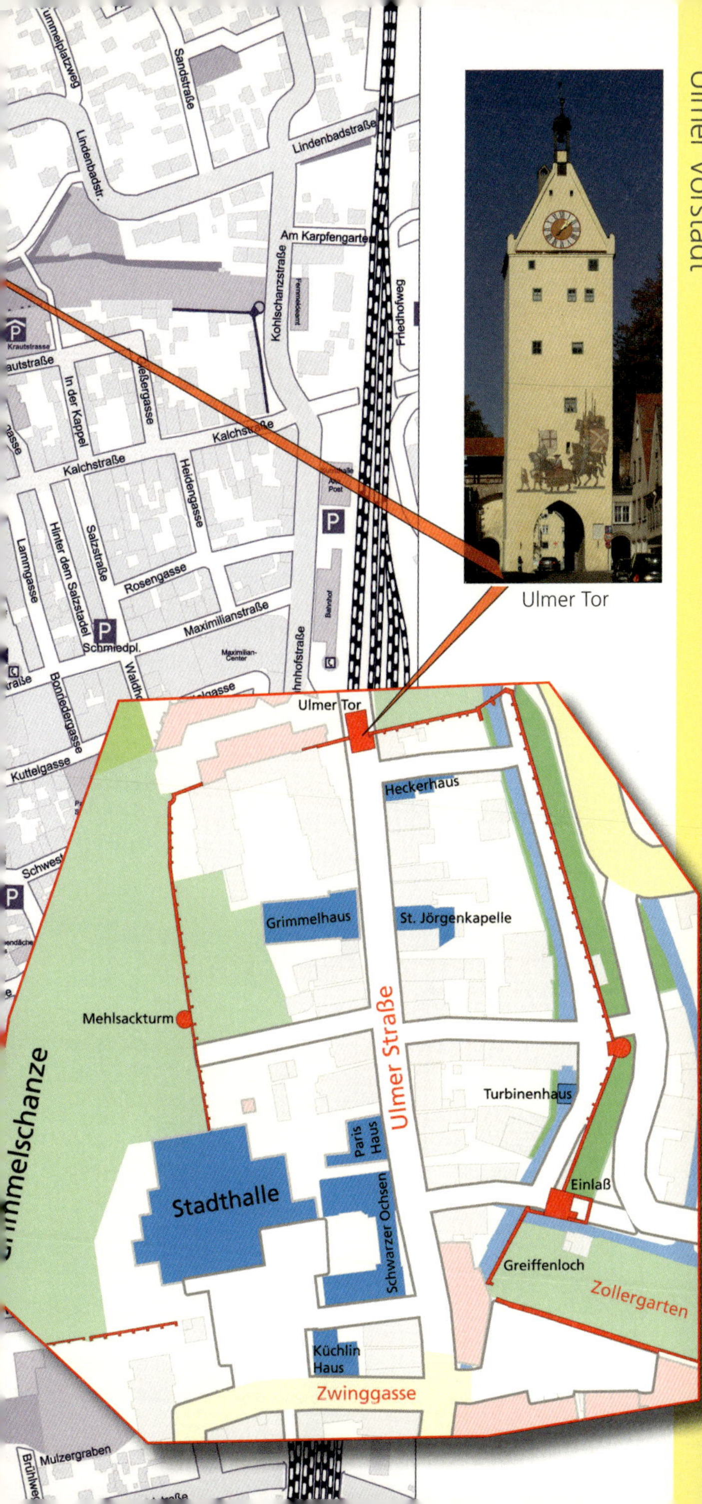
Sandstraße
Lindenbadstraße
Lindenbadstr.
Am Karpfengarten
Kohlschanzstraße
Friedhofweg
Kalchstraße
In der Kappel
Heidengasse
Salzstraße
Hinter dem Salzstadel
Lammgasse
Rosengasse
Maximilianstraße
Schmiedpl.
Bonriedergasse
Kuttelgasse
Bahnhof
Ulmer Tor
Heckerhaus
Grimmelhaus
St. Jörgenkapelle
Mehlsackturm
Ulmer Straße
Turbinenhaus
Paris Haus
Stadthalle
Schwarzer Ochsen
Einlaß
Greiffenloch
Zollergarten
Küchlin Haus
Zwinggasse
Mulzergraben
Ulmer Tor

ULMER VORSTADT

Zwischen Ulmer Tor, Einlass und dem ehemaligen Notzentor erstreckt sich die (1390) 1400-1450 ummauerte „Vorstadt", deren Häuserbestand ins 14. Jahrhundert zurückreicht und deren Ummauerung noch in langen Partien erhalten ist.

Im Inneren finden sich auf der Westseite der Ulmer Straße neben Wirtshäusern die Patrizierpalais der Grimmel und Paris.

Am Stadtbach gingen einst Gerber und Müller ihrem Gewerbe nach.

Ehem. Notzentor

(Ulmer Straße)

Bereits 1270 ist ein Tor im Norden der welfisch-staufischen Siedlung erwähnt.

Nach der Ummauerung der Ulmer Vorstadt trennte es als Inneres Niedergassentor diese Vorstadt von der eigentlichen Stadt und der nicht mehr existierenden Wirtschaft „Zum Wilden Mann", in deren Nachbarschaft einst auch die Buchdruckerei Albrecht Kunnes gewesen ist.

Zum Nutzen der Stadt ließ man im März 1863 das Tor abbrechen.

Albert Kunne von Duderstadt

Ein wunderliche und erschröckenliche hystori von einem großen wüttrich genant Dracole wayda Der do so gar unkristenliche marter hat angelegt die menschē. als mit spissen. auch dy leüt zu tod geslyffen etc.

Gedruckt zu bamberg im Lxxxxi. iare.

Die genauen Lebensdaten des um 1435 in Duderstadt (bei Göttingen) geborenen Albert Kunne liegen teilweise im Dunkeln. Seine ersten beruflichen Erfahrungen sammelte er in Trient. Inwieweit ihn ein Kontakt zum begeisterten Büchersammler und Antoniterpräzeptor Petrus Mitte de Caprariis oder die Nähe zur 1478 in Memmingen gegründeten Papiermühle zur Ansiedlung in der Reichsstadt bewegten, ist fraglich. Albrecht Kunne war mit selbst gegossenen Bleilettern und

der von Hand bedienten hölzernen Druckpresse um *1480 der erste Allgäuer Drucker*. Er publizierte nicht nur zahlreiche wissenschaftliche Bücher, sondern auch für das Alltagsleben wichtige Schriften, wie 1494 „Instruktion" und „Ordnung wider die Pestilenz" des Memminger Stadtarztes Dr. Ulrich Ellenbog (gest. 1499). Zeitlebens hatte er mit den finanziellen Risiken eines Druckers, Verlegers und Buchhändlers zu kämpfen. 1509 sah er sich sogar gezwungen eine Presse und einen Satz Typen an das Kloster Ottobeuren zu verkaufen, das damit in die Lage versetzt war, eine eigene Druckerei zu betreiben. Manche seiner Schriften enthalten Holzschnitte, darunter 1486 der erste Renaissanceholzschnitt in Deutschland und zugleich das erste in einem Buch gedruckte Autorenportrait. Nach 1520 verliert sich die Spur des etwa 85-Jährigen.
Erst zu Beginn des 18. Jahrhunderts sollte sich mit Anton Nepperschmid wieder ein Drucker in Memmingen ansiedeln.

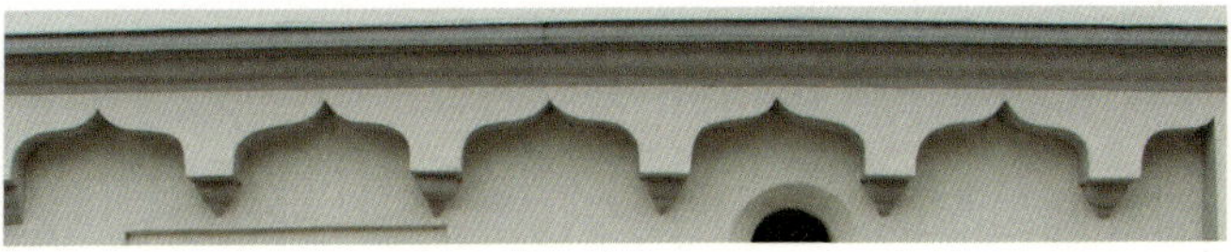

Küchlinhaus
(Zwinggasse 2)

Bürgerliches Wohnen in der Zeit des 16. Jahrhunderts vermittelt das Küchlinhaus, benannt nach Eilias Friedrich Küchlin (gest. 1836), einem Maler kleinbürgerlicher Idylle, der in diesem Stadtviertel lebte. Seine charmanten und heiteren Darstellungen des Lebens am Ausklang der Reichsstadtzeit sind bekannte Memminger Motive.
Am Küchlinhaus findet sich eine für die damalige Zeit typische Verzierung, der sogenannte „Eselsrücken" (Korbbogenfries auf Konsolen). Neben der Eingangstür befindet sich ein „Spion", der einen kurzen Blick auf Besucher gewährte.

Schwarzer Ochsen
(Ulmer Straße 7)
1722 kaufte der Wirt Christoph Brandmüller den „Bubengraben", einen von der Jugend zu Schießübungen genutzten aufgelassenen Stadtgraben vor dem Notzentor. Dort errichtete er sein Brauhaus „Zum Schwarzen Ochsen". Ab 1850 wurde hier neben Braun- auch Weißbier gebraut und 1880 ein Dampfsudwerk errichtet.

Mit dem Fusionsvertrag 1911 schlossen sich die Brauereien Schwarzer Ochsen, Schwarzer Adler und Weißes Ross zum „Bürgerlichen Brauhaus" zusammen und nutzen die Braustätte an der Ulmer Straße fortan gemeinsam. 1920 schloss sich die Engelbrauerei an.
Der Betrieb der „Bürger& Engelbrauerei" (heute Memminger Brauerei) wurde 1980 ausgelagert.

Stadthalle

(Zwinggasse)

Die Gestaltungsidee der 1984 eröffneten Stadthalle war, die spätgotische Giebellandschaft in ihren hölzernen Giebeln fortzuführen.
In den großzügigen Glasflächen spiegelt sich der grüne Gürtel der Grimmelschanze wieder. An der Freitreppe steht die Plastik „Große Stehende" von Dieter Kunerth.
Die Werkstatt des 1944 verstorbenen Kunstschlossers Wilhelm Ammann stand einst auf dem Vorplatz der Stadthalle. Ammann war in den 80er und 90er Jahren des 19. Jahrhunderts in Russland und in den Baltischen Staaten tätig; zu seinen Auftraggebern zählte auch der Zarenhof. 1900 bekam er für die Herstellung des Hauptportals am St. Petersburger Winterpalast bei der *Pariser Weltausstellung den „Grand Prix"*. In seiner 1907 in der Hermansgasse errichteten Schlosserei schuf er die Beschläge des Rathauses, des Steuerhauses und der Großzunft, die Wirthausausleger der Blauen Traube und des Weinhauses Knöringer.

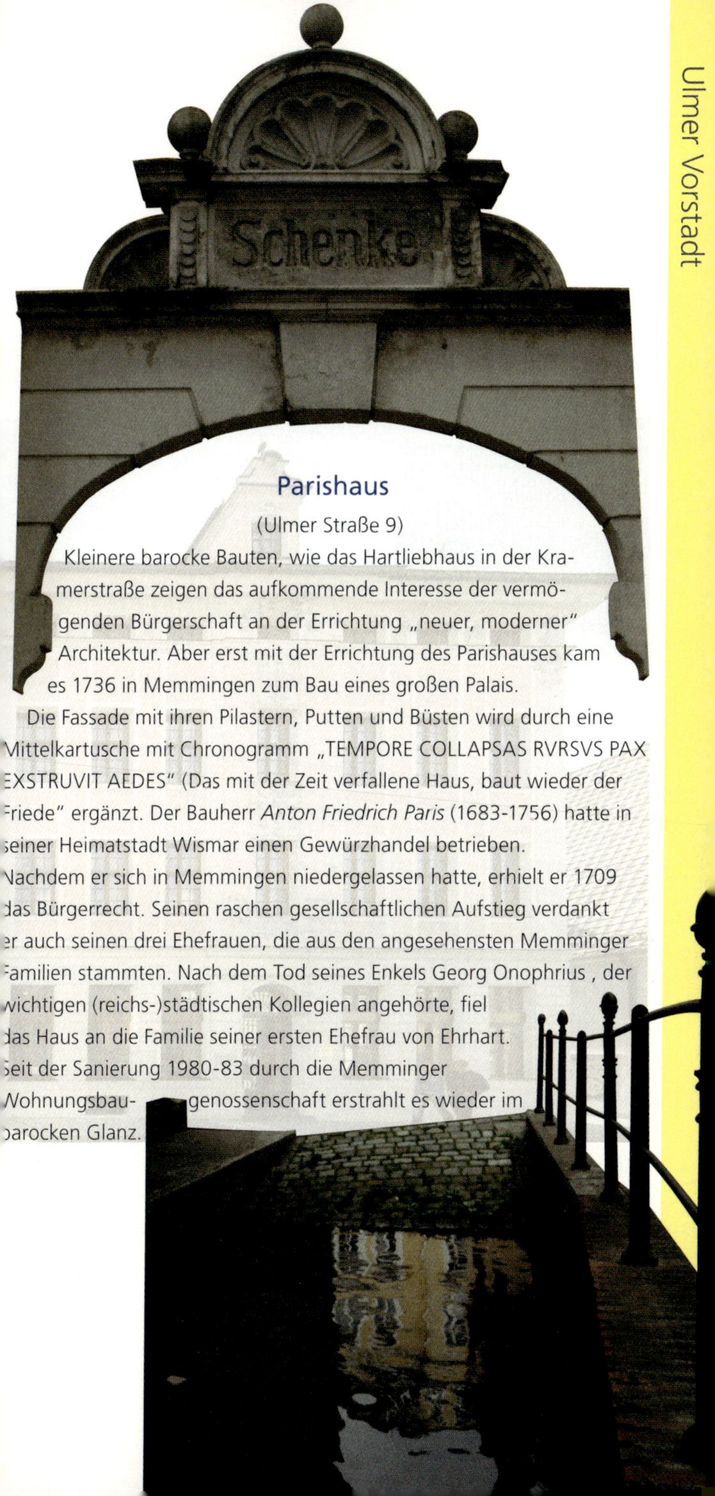

Parishaus

(Ulmer Straße 9)

Kleinere barocke Bauten, wie das Hartliebhaus in der Kramerstraße zeigen das aufkommende Interesse der vermögenden Bürgerschaft an der Errichtung „neuer, moderner" Architektur. Aber erst mit der Errichtung des Parishauses kam es 1736 in Memmingen zum Bau eines großen Palais.

Die Fassade mit ihren Pilastern, Putten und Büsten wird durch eine Mittelkartusche mit Chronogramm „TEMPORE COLLAPSAS RVRSVS PAX EXSTRUVIT AEDES" (Das mit der Zeit verfallene Haus, baut wieder der Friede" ergänzt. Der Bauherr *Anton Friedrich Paris* (1683-1756) hatte in seiner Heimatstadt Wismar einen Gewürzhandel betrieben. Nachdem er sich in Memmingen niedergelassen hatte, erhielt er 1709 das Bürgerrecht. Seinen raschen gesellschaftlichen Aufstieg verdankt er auch seinen drei Ehefrauen, die aus den angesehensten Memminger Familien stammten. Nach dem Tod seines Enkels Georg Onophrius , der wichtigen (reichs-)städtischen Kollegien angehörte, fiel das Haus an die Familie seiner ersten Ehefrau von Ehrhart. Seit der Sanierung 1980-83 durch die Memminger Wohnungsbaugenossenschaft erstrahlt es wieder im barocken Glanz.

Grimmelhaus (Ulmer Straße 19)

Im 15. Jahrhundert erbaut, war das Grimmelhaus ursprünglich die Wohnstätte der Fernkaufleute Hutter. 1518 stieg Kaiser Maximilian I. hier ab. Anlässlich eines Festgottesdienstes zu seinen Ehren wurde vom Grimmelhaus bis zur Martinskirche ein hölzerner Steg errichtet, damit er ‚trockenen, sauberen Fußes' darauf reiten konnte. Die namengebende Familie Grimmel handelte neben Salz vor allem mit Kupfer und Stahl und unterhielt seit Beginn des 18. Jahrhunderts in Lauben und Amendingen Kupfer- und Messinghammer. Sichtbares Zeugnis ihrer Tätigkeit sind die Türbeschläge und das reichgestaltete Oberlichtgitter aus Messing.

Jährlich wurden mehrere hundert Zentner Tiroler Kupfer, englisches Blei und sächsisches Zinn importiert und verarbeitet. Der Absatzmarkt für ihre Produkte erstreckte sich bis nach Mailand und ins Piemont. Memmingens letzter reichsstädtischer und erster städtischer Bürgermeister entstammte dieser Familie.

Das Grimmelhaus beherbergte ab 1926 ein evangelisches Schülerheim, ehe es 1964 in städtischen Besitz überging (heute Kulturamt, Volkshochschule und Stadtarchiv).

Mehlsackturm

Seine Zinnen verhalfen dem 1445 errichteten Wehrturm zu seinem zweiten Namen „Schwalbenschwanzturm". Südlich des Mehlsackturmes befand sich die „Achillessehne" der Stadtverteidigung.

Der „tote Winkel" an der Stelle, wo sich alter und neuer Mauerzug (Ulmer Vorstadt) trafen, machte 1632/34 den Bau einer „Großen Schanze" erforderlich.

Als 1804 die nicht mehr benötigen Wehranlagen zum Verkauf standen, erwarb Johannes von Grimmel die nun nach ihm benannte Schanze.

Ulmer Tor

(Ulmer Straße)

Seit 1396 bildet das Ulmer Tor (Seite 57) die nördliche Begrenzung der Stadt und ist damit das jüngste der Memminger Stadttore. Die in Ulm gegossene Glocke krönt seit 1627 das Tor und trägt die Inschrift: „die Stund und Zeit ich schlag und leit. Mensch mach dich bereit, die Stund ist nit weit." Die Zugehörigkeit zum Heiligen Römischen Reich Deutscher Nation versinnbildlicht der an der Außenseite des Tores angebrachte Doppeladler. An der Innenseite findet sich seit 1956 ein großes Wandgemälde (Seite 58), das den Einzug König Maximilians I. 1489 mit Fahnenträgern des Georgsordens, Burgunds und des Reiches zeigt.

Heckerhaus

(Ulmer Straße 34)

Der Charakter der östlichen Vorstadthälfte wird durch viele einfache Handwerkshäuser bestimmt, die am Stadtbach südländisches Flair ausstrahlen.

An der Ulmer Straße steht neben dem Tor das Heckerhaus, dessen moderne Anbauten sich ins Ensemble einfügen.

385 endete mit dem Bau des Hauses die Ansiedlung von Gerbern in der Vorstadt. Das Wässern des in Lohe gegerbten Leders verursachte eine erhebliche Belastung des Wassers mit Schadstoffen. Deshalb wurden dort, wo der Stadtbach bebautes Gebiet verlässt, Gerberbetriebe angesiedelt.

St. Jörgenkapelle

(Ulmer Straße 24)

1465 stiftete der Memminger Kaufmann Jörg Hutter eine kleine Kapelle gegenüber seinem Wohnhaus, dem jetzigen Grimmelhaus. Als einziges Gotteshaus in Memmingen wurde es von Weltgeistlichen betreut. 1528 wurde es im Zuge der Reformation aufgelöst. Nur einmal noch wurde es kirchlich genutzt: 1697 genehmigte der Rat den zeitweilig in Memmingen anwesenden Hugenotten hier Gottesdienste in französischer Sprache abzuhalten.

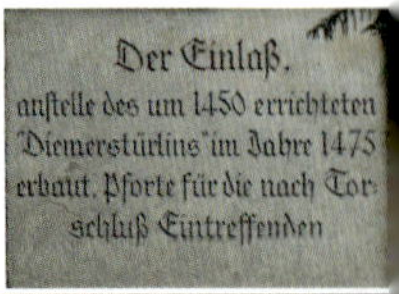

Einlass und Greiffenloch

(Am Einlass)

Bis 1863 schloss man bei Einbruch der Dunkelheit die Stadttore und verriegelte sie. Danach war der Zutritt zur Stadt nur noch durch den 1475 errichteten Einlass und über die spätmittelalterlich Brücke über den Stadtbach möglich. Zwei Torwärter überprüften jeden Eintretenden und öffneten danach schleusenartig die einzelnen Torflügel. Das idyllisches Aussehen des breiten Torturmes reizte schon *Carl Spitzweg*, der ihn 1841 in einer Bleistiftzeichnung verewigte. 1952 war er Filmkulisse für den Film *„Zwerg Nase" (mit Hans Clarin)*.

Nördlich schließt sich ein gut erhaltenes Stück der Stadtmauer vom 1471 erbauten Betteltrm bis zum „Lueg ins Land" an, einem 1805 abgebrochenen Eckturm.

Venige Meter entfernt, zeugen heute inmitten moderner Wohnbe-
)auung nurmehr Falle und Turbinenhaus vom einstigen Gewerbe der
Viesmühle.

1668 geriet der Wirt Johannes Greiff in den Verdacht, ein Hexer zu sein. Er floh nach Wien und ließ dort in Aufsätzen seinem Unmut über die Stadt Memmingen freien Lauf. Nach der Rückkehr wurde er wegen Hochverrats im Dezember 1673 in ein eigens für ihn gebautes Gefängnis „auf ewig geworfen und vermauert", wo ihm seine Familie durch den Büttel Essen und Trinken zukommen lassen konnte.

:in halbes Jahr später wurde er
edoch im „Greiffenloch" tot
ufgefunden.

n 19. Jahrhundert aufgefüllt, ging
lie historische Bausubstanz 1969
lurch Abbruch verloren.

Künerhaus, Gaul in der Wiege, Salzstadel, Kreuzherrnsaal, Hallhof, Kalchstraße

Heilig-Geist-Spital und Kalchviertel

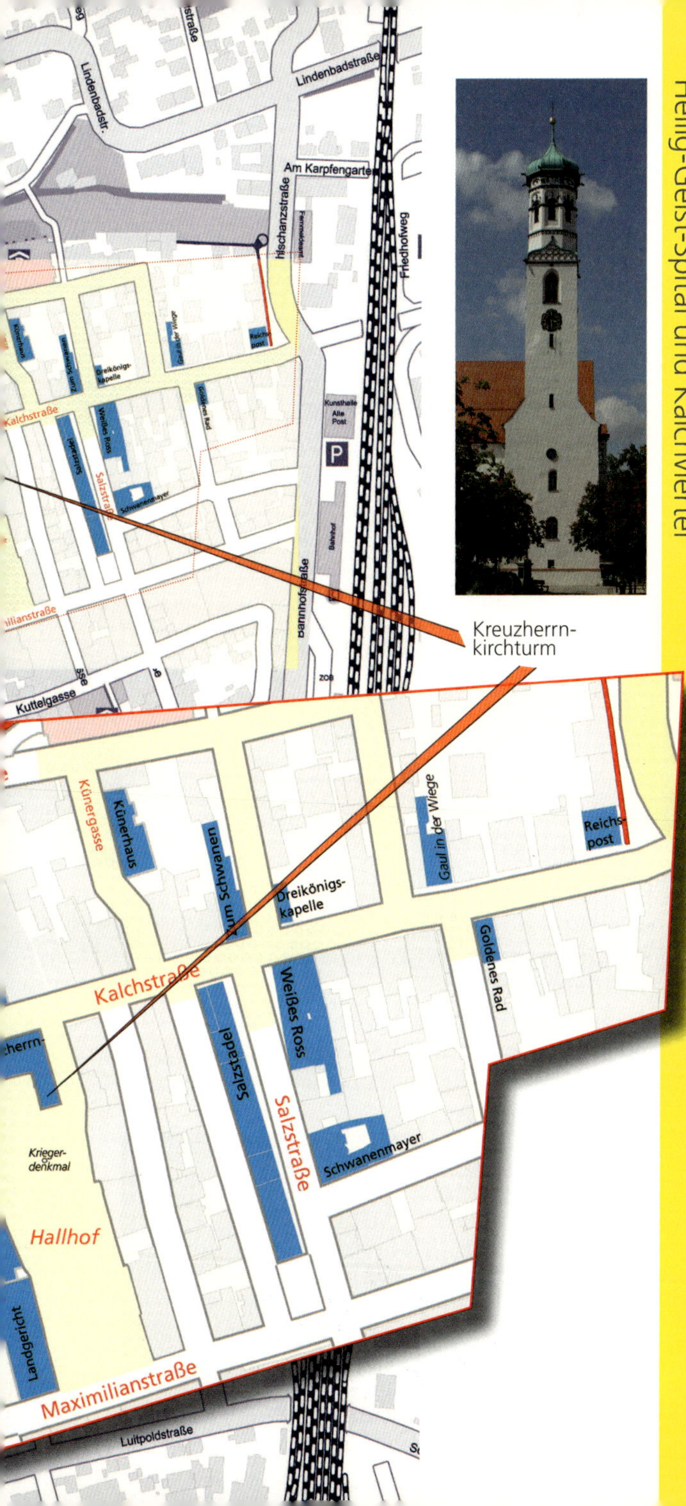

Eine schnurgerade Straße mit rechtwinklig abgehenden Seitenstraßen ist das charakteristische dieser ersten Stadterweiterung. Das spätmittelalterliche Gesicht der Stadt ist hier noch zu finden. Jahrhundertelang zogen die Salzfuhrwerke die Kalchstraße herein zum Großen Salzstadel. „Scharfes Feuer" brannte für kurze Zeit im 18. Jahrhundert exquisite Fayencen und die „Posthörner" erklangen hier.
Das Viertel ist nach der kalkhaltigen Erde in seinem Untergrund benannt dem Kalch, der in trockenem Zustand einen lockeren, gelblich-weißen Sand bildet, fast nur aus kohlensaurem Kalk besteht und sich in geringer Tiefe überall zwischen Haien- und Stadtbach findet.
Eine „Stadt in der Stadt" bildete das Kreuzherrnkloster mit dem Spital für die „Armen Dürftigen". Nach der Säkularisation blieb ein großer Teil erhalten und erstrahlt nach der Sanierung 1999-2003 in neuem Glanz; der Kreuzherrnsaal zählt zu den *Höhepunkten der Schwäbischen Barockstraße.*

SCHWANEN-QUARTIER

Schützhaus

(Krautstraße 2)

Das ehemalige Palais der Patrizierfamilie von Schütz (bis 1813) war Sitz einer Handelsfamilie, die Salz und Textilien vertrieb und ab 1490 auch im Ochsenhandel bis nach Nürnberg tätig war. Ein Mitglied der Familie, Michael Schütz, betrieb einen Leinwandhandel in Lyon. 1793 wurde er als „erwiesener Aristokrat und Feind der Republik" guillotiniert.
Das benachbarte Rehmsche Haus (Krautstraße 4) entstand 1780 als Garten- und Tanzhaus.

Seyler-von-Pfersheim-Haus/ Kgl. Bayer. Post
(Kalchstraße 11)

1810 verkaufte Melchior Egloff von Stoll das Haus seines Großvaters Melchior Egloff Seyler von Pfersheim an die königlich-bayerische Post, als solches es bis 1864 diente. 1812 fuhren immer dienstags Postwagen nach Biberach, Ulm, Augsburg oder Kaufbeuren. Zwei Jahre später gab es bereits einen Eilpostwagen nach München.
Die Fahrzeit betrug 12 Stunden. An diese Zeit erinnert noch der Postreiter über dem südlichen Portal.

Das Monogramm BR steht für Benno Rosenbaum, der das Gebäude 1888 erworben und anstelle der Stall- und Wagengebäude einen großen Lagerkeller für Weichkäse und andere Milchprodukte errichtet hatte.
Die jüdische Geschichte des Hauses endete mit dessen „Arisierung" und der Auswanderung der Familie.

Künerhaus
(Künergasse 2)

Im einst hier stehenden Vöhlinschen Haus quartierte sich Kaiser Friedrich III. ein, als er 1485 Memmingen besuchte. Dass ein kaiserlicher Besuch nicht ohne Auswirkungen auf die städtischen Finanzen bleiben konnte, zeigen die dargebotenen Geschenke: Bargeld, Silbergeschirr, Wein, 150 Fische und vieles mehr. Johann Jakob von Küner (1697-1764), ab 1729 kaiserlicher Rat und erfolgreicher Bankier in Wien, kehrte 1738 in seine

Heimatstadt Memmingen zurück und begann 1744 neben seinem Haus mit der Fertigung von Fayencen.
1984 wurde es durch einen Neubau ersetzt.
Im Rückgebäude (Krautstraße 8) befindet sich die Kleinkunstbühne „Parterretheater im Künerhaus".

Künersberger Fayencen

Porzellan war lange Zeit für einen Großteil der Bevölkerung unerschwinglich. Da aber das Bürgertum die adeligen Tischsitten schätzte, griff man auf Fayencen zurück.
Ähnlich dem Porzellan war große Kunstfertigkeit zu seiner Herstellung erforderlich.
Wachsender Erfolg und verbesserte Brenntechniken veranlassten Jakob von Küner 1745 zur Gründung der Künersberger Manufaktur auf dem Gelände des „Berger Bades" in Memmingerberg.
Seine Nachbarn in der Stadt dankten es ihm aus Angst vor Feuersbrünsten. Die Öfen mussten eine Leistung von bis zu 1.000 Grad erbringen, um hochwertige Rohlinge zu schaffen, auf die eine Unterglasur aufgetragen wurde. Nach einem zweiten Brand bei 900 Grad wurden entweder Scharffeuerfarben oder Muffelfarben aufgetragen. Die empfindlichen aber umfangreicheren Muffelfarben vertrugen nur eine mäßige Hitze. Mehrere Stile lasse sich bei den Künersberger Fayencen nachweisen. Weiß-Blau-Dekor, Pflanzen- und exotische Vogeldarstellungen oder Jagdszenen. Die Aufnahme von Malern aus anderen Manufakturen (Johann Valentin Bontemps u.a.) führten zur Blüte dieser bedeutenden Manufaktur.
Wirtschaftliche Schwierigkeiten und ein sich veränderter Zeitgeschmack führten allerdings 1765 zu ihrer Schließung. Künersberger Teller, Schüsseln und Krüge sind im *Stadtmuseum im Hermansbau* zu bewundern.

Handelshaus Vöhlin

Von Memmingen aus betrieben die Vöhlin seit Mitte des 14. Jahrhunderts weitreichende Geschäfte bis nach Spanien und Portugal und wurden zum bedeutendsten Handelshaus der Stadt. Dass eine geschickte Heiratspolitik nicht nur von Adelsgeschlechtern betrieben wurde, zeigt das dichte Geflecht verwandtschaftlicher Beziehungen der Vöhlin zu den bedeutendsten Kaufmannsfamilien der Umgebung. Die Verbindung mit den mächtigen Welsern verlagerte allmählich das Gewicht des Handelshauses nach Augsburg. Besaßen die Vöhlin zuvor Faktoreien von Antwerpen bis Venedig und Saragossa, so fassten sie nach ihrer Fusion mit den Welsern ab 1498 den Sprung über die Weltmeere ins Auge.
Da der Gewürzhandel mit Muskat, Pfeffer oder Nelken sagenhafte

Gewinne versprach, finanzierten sie 1505 zusammen mit anderen risikobereiten Kaufleuten drei Schiffe für eine Überfahrt nach Amerika. Mit der Gründung einer Niederlassung in Santo Domingo 1526 erreichte das Amerikaengagement seinen ersten Höhepunkt. Die großzügige finanzielle Unterstützung von Karl V. bei seiner Kaiserwahl machte sich nun bezahlt. 1528 erhielt das Handelshaus der Vöhlin-Welser vom Kaiser die Erlaubnis zur Kolonialisierung Venezuelas. In ihrem Auftrag drangen deutsche Konquistadoren durch noch unbekannte Gebiete, erkundeten den Orinoco und waren an der *Gründung von Bogota* beteiligt. In der Reformationszeit verließen die Vöhlin Memmingen.

„Zum Schwanen“

(Kalchstraße 27)

Ab 1490/91 befand sich auf diesem Areal die Werkstatt von Ivo Strigel. Als Wirtschaft und Herberge wird das Haus schon 1520 erwähnt. Ab 1635 war hier ein Ableger der Thurn und Taxis'schen Post untergebracht. Das heutige Gasthaus wurde 1711 mit den vier Pfeilern und dem Giebel mit korbbogigen Arkaden neu errichtet. Oben am Giebel kann man noch eine stilisierte Krone erkennen, da der Gasthof damals „Zur Krone“ hieß. An der wichtigen Handelsstraße Richtung Augsburg und München gelegen, entwickelte es sich zum bedeutendsten Gasthaus der Stadt. Neben Gästen wie Prinz Eugen, Prinz Karl von Lothringen oder dem Herzog von Braunschweig logierte hier auch Baron von Syberg. Er war ein Hochstapler, welcher 1734 mit großem Gepränge und gefälschtem Pass hier Station machte. Mit dem Versprechen, er könne aus Quecksilber Gold machen, entlockte er der Memminger Oberschicht über Monate hinweg Geld. 1735 wurde er verhaftet, aber durch kluges Taktieren wieder entlassen.

Dreikönigskapelle

(Kalchstraße 29)

Um die existentiellen Nöte der Einwohnerschaft kümmerten sich vor allem wohltätige Stiftungen. So stiftete 1399 Nikolaus Tagbrecht ein Seelhaus mit Kapelle für vier arme Menschen. Dem Unterhalt dieser Bedürftigen dienten die Erträgnisse aus dem Dorf Lauben. Die unter dem Erker bzw. Glockentürmchen angebrachte

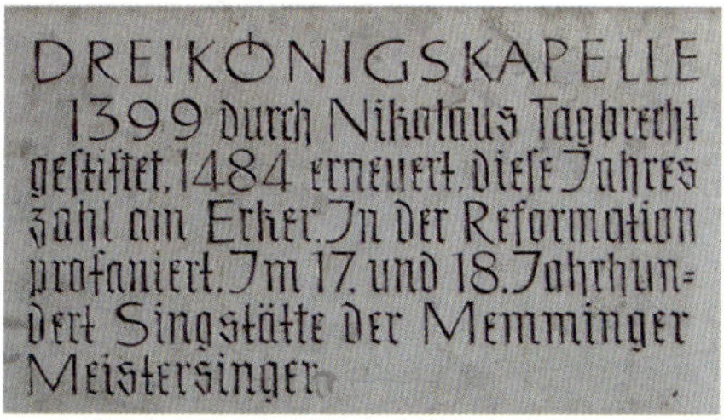

Jahreszahl 1484 nimmt Bezug auf die Erneuerung des Hauses, das damals noch ein Stockwerk niedriger war. Die Versorgung der Spitalinsassen war reichlich, wenn auch einseitig, fast täglich „Brenntmus, Suppe und Birnschnitz".
Der Vitaminbedarf im Winter wurde fast ausschließlich durch Sauerkraut gedeckt. In der Reformationszeit wurde die Kapelle profanisiert, als Leichenhalle genutzt und schließlich Singstätte der Memminger Meistersinger. Ab 1814 dienten Kapelle und Pfründehaus (In der Kappel 2) als Pferdestall für den Wirt des Weißen Rosses. Der Stadel (Krautstraße 12) wurde 2000 von der Siebendächer-Baugenossenschaft zur diakonischen Tagesstätte für psychisch Kranke umgebaut.
Daneben schließt sich als der letzte in Memmingen erhaltene Fruchtstadel derjenige der ehemaligen Stoll'schen Handlung an.

Glockengießerei

(Krautstraße 25/27)

Bereits 1414 wird in Memmingen ein Glockengießer namens Conrad Bodenmalz erwähnt. 1633 musste Lienhard Ernst auf Veranlassung des kaiserlichen Obersten seine Glockengießerei vor dem Ulmer Tor aufgeben und den Betrieb in die Krautstraße verlegen.
Bis 1892 wurden hier an die 1000 Glocken gegossen sowie nach 1868 auch Löschmaschinen und Brückenelemente hergestellt.
1910 musste der Betrieb wegen Lärmbelästigung einstellt werden.

REICHSPOST-QUARTIER

Gaul in der Wiege

(Kalchstraße 39)

Der Hausname „Gaul in der Wiege" bezieht sich auf eine Sage, die zu den *sieben Memminger Wahrzeichen* gerechnet wird: Als der Totengräber einst eine eben beerdigte Hausfrau ihres Schmuckes berauben wollte, erwachte diese aus ihrem Scheintotenschlaf. Zurück in der Kalchstraße begehrte sie Einlass in ihr Haus. Der ungläubige Ehemann erklärte, dass eher sein Gaul in der Wiege läge, ıls sie sein Eheweib sei. Auf ihr Bitten hin schaute er in der Wiege nach ınd tatsächlich lag dort der Gaul. Daraufhin öffnete er die Tür und ließ eine Frau herein.

ʀeichspost

Kalchstraße 47)

ǀleich neben dem 1863 im Zuge des Bahnbaues abgebrochenen Kalch-or befand sich zwischen 1726 und 1812 das Amts- und Wohnhaus des 'hurn&Taxischen Reichspostmeisters. Zu solchen wurden vom Haus hurn und Taxis stets Katholiken ernannt.

n späten 19. Jahrhundert erwarb die jüdische Textilhändlerfamilie Gug-enheimer das Haus; im Zuge der nationalsozialistischen Verfolgung der uden wurden hier die letzten noch in Memmingen verbliebenen Män-er und Frauen vor ihrer Deportation im März/April 1942 untergebracht.

SALZSTADEL-QUARTIER

ɜoldenes Rad

<alchstraße 28)

ᴊuf dem schönen Schild des seit dem 16. Jahr-undert genannten Wirtshauses thront die ortuna, ein beliebtes Memminger Schildmotiv. ie sollte Glück und gutes Wetter bringen.

Weißes Ross

(Kalchstraße 16)

Die Wirtschaft zum Weißen Ross wird erstmals 1502 erwähnt.

1869 ging sie in den Besitz der Familie Halder über. Am 20. April 1945 teilweise von Bomben zer-stört, wurde sie 1949 zum Hotel erweitert.

Schwanenmayer
(Salzstraße 2/4)

Einer der stimmungsvollsten Innenhöfe findet sich in diesem im 18. Jahrhundert umgestalteten Haus. 1789 war es im Besitz des angesehenen Kaufmanns Johann Sigmund Mayer. Er war erfolgreicher Wechselhändle mit ausgedehnten Geschäftsbeziehungen bis in die Schweiz.

Salzstadel
(Salzstraße 3-5)

Entlang der Salzstraße liegt der langgestreckte Bau des Großen Salzstadels, 1470-74 für das von Bad Reichenhall angelieferte Salz neu errichtet.
Die Bedeutung des Salzhandels für die Stadt war groß, Memmingen besaß seit 1711 das Vertriebsmonopol für bayerisches Salz bis in das Bodenseegebiet und den Schwarzwald. Im Erdgeschoss befanden sich die Lagerstätten,

n den oberen Räumlichkeiten versammelten sich die Kaufmannsgesellschaft „Zum Goldenen Stern“ (auch „Pfannenstiel“ genannt) und Memmingens Meistersinger. Die Bedeutung des Salzstadels zeigt sich auch darin, dass z. B. 1486 die Eidesleistung der Bürgerschaft vor dem Rat nicht wie früher in der Augustinerkirche, sondern auf dem Salzstadel stattfand. Später versammelten sich Vertreter der Bürgerschaft und Amts- und Dienstleute der Reichsstadt zum Schwörtag jeweils am Sonntag nach Michaeli in der Martinskirche.

Der schöne Ausleger der benachbarten Wirtschaft zum Goldenen Kreuz Kalchstraße 14) schmückt heute die Fassade eines schräg gegenüberstehenden Hauses (Kalchstraße 23).

Spital und Kreuzherrnkloster

(Hallhof 5)

Die Entstehung des Heilig-Geist-Ordens (Chorherren nach den Regeln des Hl. Augustinus, sog. Kreuzherren) ist eng mit dem Wirken Papst Innozenz III. verbunden. Er verlegte den Sitz nach dem Tod des Ordensgründers Guido von Montpellier nach S. Spiritu in Sassia (Rom). Dem römischen Haupthaus unterstanden im 15. Jahrhundert ca. 750 v.a. französische und italienische Klöster. Heinrich von Neuffen gründete zu Beginn des 13. Jahrhunderts in Memmingen ein Spital, stattete es mit Grundbesitz aus und übergab es dem Heilig-Geist-Orden. Vergleichbar der Entwicklung in anderen Städten, gelang es der Reichsstadt Memmingen 1317/65, die Kreuzherren aus der Verwaltung des Spitals zu drängen und den Gebäudekomplex zu teilen. Das Kloster unter Leitung des Spitalmeisters verblieb in den oberen Räumen („Oberhospital"); die zweischiffige, kreuzgratgewölbte „Dürftigenstube" im Erdgeschoss („Unterhospital") bildete einen wesentlichen Baustein der reichsstädtischen Sozialpolitik. Zur Grundherrschaft des Unterhospitals gehörten in Memmingens Umgebung die Dörfer Buxach, Dickenreishausen, Volkratshofen, Steinheim, Memmingerberg, (Unter-)Holzgünz, Frickenhausen, Arlesried und Woringen.
Die Unterhospitalstiftung besteht bis heute als Trägerin sozialer Einrichtungen. Auch nach der reichsstädtischen Reformation blieb das Kloster in religiöser und kultureller Hinsicht von prägender Bedeutung. 1616/17 baute Conrad Hölderlin das Spitzdach des im 15. Jahrhundert errichteten Turmes (Seite 67) zu einem oktogonalen Geschoss mit Zwiebel um. Die barocken Stuck- und Holzdecken stammen aus der Umbauzeit 1675 bis 1681. Nach der Aufhebung des Klosters wurde alles Mobiliar verkauft und die Räume durch das Hallamt genutzt.

Hallhof (ehemals Spitalhof)

Der Hallhof wurde zur Maximilianstraße hin geöffnet.
Nach einer umfassenden Sanierung 1998-2003 hat hier die Städtische Sing- und Musikschule ihren Sitz.

Kreuzherrnsaal

Die spätgotische und zweischiffige Kirche St. Peter und Paul von 1480-84 wurde 1709 barock umgestaltet. Der Stuck stammt aus der Hand des Ettringer Stuckateurs Matthias Stiller aus der Wessobrunner Schule; die Fresken schuf der Memminger Maler Johann Friedrich Sichelbein in deren Mittelpunkt die Taube als Symbol des Heiligen Geistes steht.

Nur knapp dem Abbruch entgangen, erfolgte 1822-24 der Umbau des Kirchenraumes zur Lagerhalle mit klassizistischer Außenfassade und Zwischendecke.

Seit 2003 ist der renovierte Kreuzherrnsaal die *wichtigste barocke Sehenswürdigkeit Memmingens.*

Johann Friedrich Sichelbein

Zahlreiche Maler gingen aus der Familie Sichelbein, seit 1581 in Memmingen, hervor. Bedeutendstes Mitglied war der 1648 geborene Johann Friedrich Sichelbein. Nach seiner Lehr- und Ausbildungszeit im väterlichen Malerbetrieb drängte es ihn nach Italien, wo er mit barocken Strömungen in Berührung kam.
Zurück in Memmingen bestimmten sakrale Motive sein Werk. Seine Auftraggeber kamen viele Jahre lang aus den Klöstern der Umgebung, da man in Memmingen immer noch eher bilderfeindlich eingestellt war. Erst später beauftragten ihn die Franziskanerinnen des Klosters Mariengarten mit der Bemalung ihrer Empore in der Frauenkirche.
Kurz darauf erhielt er die erste Arbeit für die evangelische Martinskirche, den Entwurf für die Kanzel.
1719 starb Johann Friedrich Sichelbein.

Landgericht
(Hallhof 1) und
ehem. unterhospitalisches Amtshaus
(Hallhof 4)

Auf jahrelange Bemühungen der Stadt geht der Gerichtsneubau am Hallhof von 1856 zurück. Seine Fassade wird von einer Büste König Maximilians II. bekrönt. Den Abschluss der Häuserreihe bildet das ehemalige Amtshaus des Unterhospitals mit Erkertürmchen und Fachwerk-Innenhof, in dem 1848 Memmingens erster Kindergarten („Kleinkinderbewahranstalt") eine Bleibe fand. Ab 1860 folgten Nutzungen durch Lateinschule und ab 1925 Mädchenlyzeum (ehemals Ludwigs-Lehrerinnen-Seminar). 1994 wurde das Gebäude grundlegend saniert.
Im Erdgeschoss verweisen Holzdecke und Gemäldereste (Narr mit Schlüssel und Kreuzherr) auf die Spital- und Klostergeschichte.

Kriegerdenkmal

Seit 1874 erinnern Adler, Kanonenrohr und Standarte auf der Säule des Kriegerdenkmals an die im Krieg 1870 gefallenen Memminger.
Der mehrfach umgestaltete Platz wurde dadurch bis in den 2. Weltkrieg zum Schauplatz militärischer Heldengedenkfeiern.

Wannenmacherhaus

(Maximilianstraße 5)

Ein Relief unter dem Mittelfenster mit „Zirkel und Winkel" kann als Hinweis auf Stadtbaumeister Johannes Wannenmacher, der das Haus 1728 erwarb, gedeutet werden.

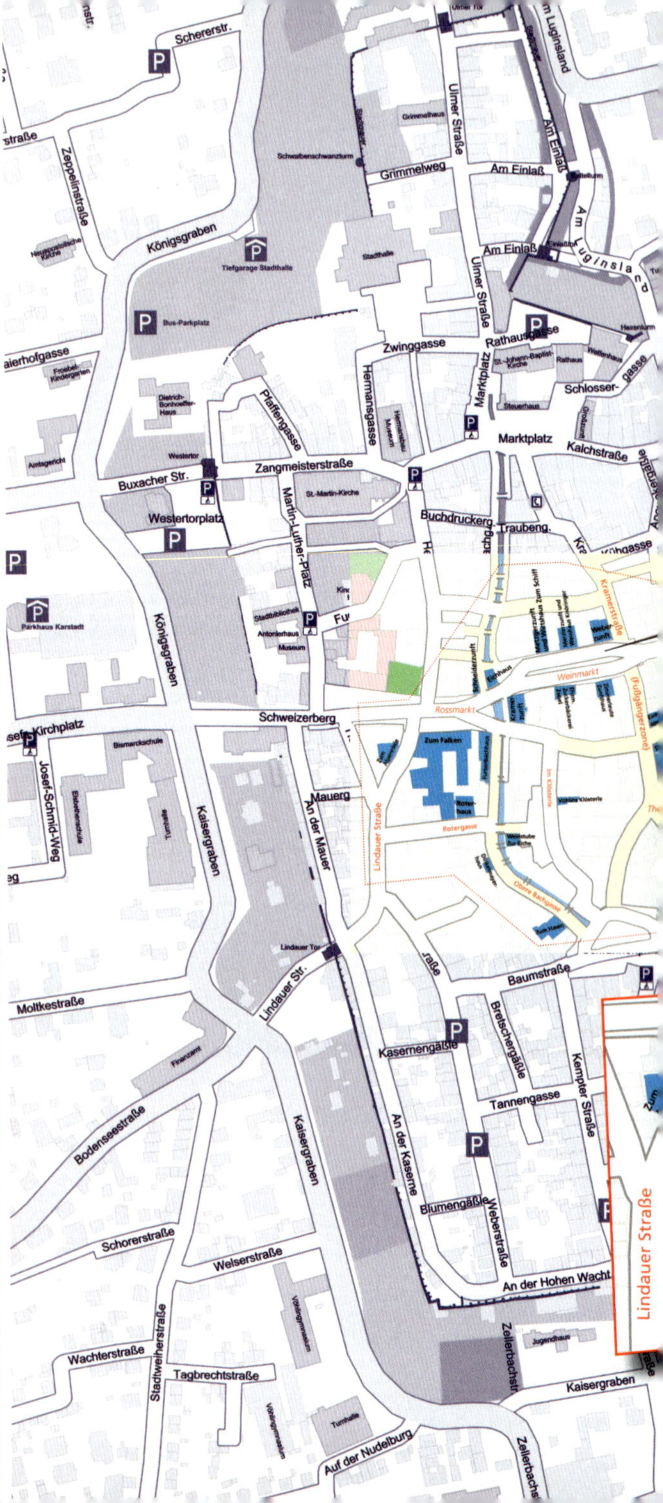
Schererstr.
Ulmer Tor
Am Luginsland
Ulmer Straße
Grimmelhaus
Schwalbenschwanzturm
Grimmelweg
Am Einlaß
Zeppelinstraße
Königsgraben
Tiefgarage Stadthalle
Stadthalle
Am Einlaß
Luginsland
Bus-Parkplatz
Zwinggasse
Rathausgasse
St.-Johann-Baptist-Kirche
Rathaus
Schlossergasse
Frobel-Kindergarten
Pfaffengasse
Hermansgasse
Dietrich-Bonhoeffer-Haus
Marktplatz
Steuerhaus
Marktplatz
Kalchstraße
Amtsgericht
Westertor
Buxacher Str.
Zangmeisterstraße
St.-Martin-Kirche
Martin-Luther-Platz
Westertorplatz
Buchdruckerg.
Traubeng.
Parkhaus Karstadt
Königsgraben
Stadtbibliothek
Antonierhaus
Museum
Kramerstraße
Weberzunft
Schneiderzunft
Weinmarkt
Rossmarkt
(Fußgängerzone)
Schweizerberg
Kirchplatz
Bismarckschule
Zum Falken
Roterhaus
Josef-Schmid-Weg
Elsbethenschule
Turnhalle
Kaisergraben
Mauerg
An der Mauer
Lindauer Straße
Im Klösterle
Rotergasse
Obere Bachgasse
Zum Hasen
Lindauer Tor
Lindauer Str.
Baumstraße
Moltkestraße
Finanzamt
Kasernengäßle
Breitschergäßle
Kempter Straße
Tannengasse
Bodenseestraße
Kaisergraben
An der Kaserne
Blumengäßle
Weberstraße
Schorerstraße
Welserstraße
An der Hohen Wacht
Lindauer Straße
Wachterstraße
Stadtweiherstraße
Zellerbachstr.
Jugendhaus
Tagbrechtstraße
Kaisergraben
Turnhalle
Auf der Nudelburg
Zellerbachs

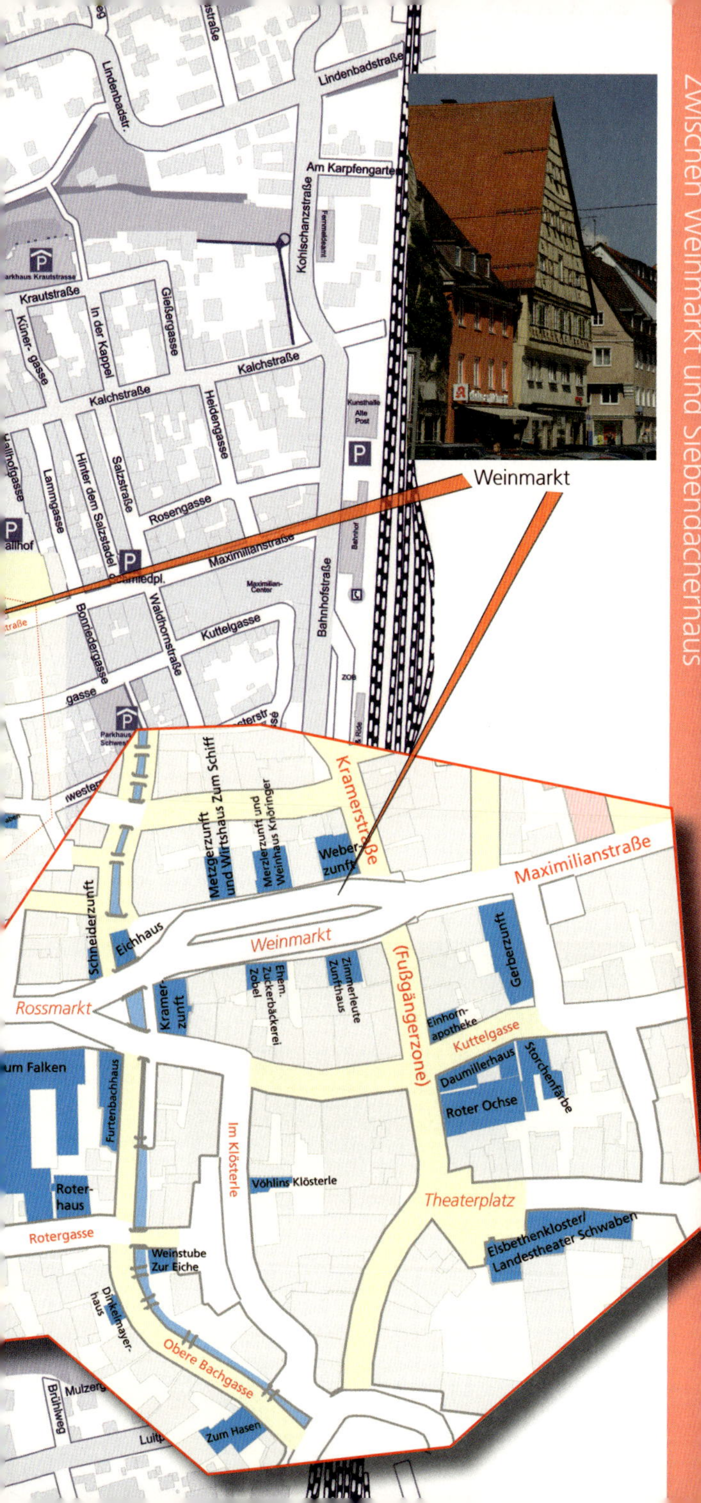
Lindenbadstr.
Lindenbadstraße
Am Karpfengarten
Kohlschanzstraße
Parkhaus Krautstrasse
Krautstraße
Küner-gasse
In der Kappel
Gießergasse
Kalchstraße
Kalchstraße
Heidengasse
Kunsthalle Alte Post
Lammgasse
Hinter dem Salzstadel
Salzstraße
Rosengasse
Maximilianstraße
Bahnhof
Maximilian-Center
Bahnhofstraße
Bonriedergasse
Waldhornstraße
Kuttelgasse
ZOB
gasse
Weinmarkt
Kramerstraße
Metzgerzunft und Wirtshaus Zum Schiff
Merzlerzunft und Weinhaus Knöringer
Weberzunft
Maximilianstraße
Schneiderzunft
Eichhaus
Weinmarkt
(Fußgängerzone)
Gerberzunft
Rossmarkt
Kramerzunft
Ehem. Zuckerbäckerei Zobel
Zimmerleute Zunfthaus
Einhorn-apotheke
Kuttelgasse
Daumillerhaus
Storchenfärbe
Roter Ochse
Furtenbachhaus
Im Klösterle
Vöhlins Klösterle
Roter-haus
Theaterplatz
Rotergasse
Elsbethenkloster/ Landestheater Schwaben
Weinstube Zur Eiche
Dinkelmayer-haus
Obere Bachgasse
Brühlweg
Zum Hasen

ZWISCHEN WEINMARKT UND SIEBENDÄCHERHAUS

Die Häuser südlich des Weinmarktes spiegeln die Ausdehnung der Stadt in nachwelfischer Zeit wieder – entlang der nach Süden verlaufenden Handelsstraße (Kramerstraße). Dadurch entstand ein Stadtquartier, in dem klösterliche oder gewerbliche Gemeinschaftsbauten das mittelalterliche Leben prägten. Geschäftiges Treiben in der Fußgängerzone, Theaterleben und romantische Gassen entlang des Stadtbaches – das moderne Gesicht dieses Teiles der Altstadt ist vielseitig.
An der Schnittstelle zwischen der von Kaufleuten dominierten Nordhälfte Memmingens und dem eher handwerklich geprägten Südteil findet sich der Weinmarkt mit seinen Zunfthäusern, darunter das der Kramerzunft, wo 1525 die „Zwölf Bauernartikel" verabschiedet wurden. Unweit des Schrannenplatzes, einstmals Getreidemarkt, steht am Gerberplatz das „Siebendächerhaus", eines der Wahrzeichen Memmingens.

WEINMARKT-QUARTIER

Weberzunft
(Weinmarkt 2)

1478 erwarben die Weber das Eckhaus zur nördlichen Kramerstraße. Es zeigt eines der wenigen Zierfachwerke der Stadt. Schnitzereien, wie andernorts üblich, finden sich in Memmingen nicht. Die Weberzunft war zwar die zahlenmäßig stärkste Zunft. Die Konkurrenz und die Verlagerung von Absatzmärkten sorgten aber dafür, dass dieses traditionsreiche Handwerk im 18. Jahrhundert zunehmend verarmte.

Merzlerzunft
(Weinmarkt 6)

Nebenan ging 2003 ein Stück Wirthausgeschichte zu Ende, das Gasthaus „Zum römischen König", das mit der Übernahme durch Sigmund Knöringer dessen Name führte. Seine heutige Fassade geht auf einen Umbau

1905 zurück. Im Kern des Hauses steckt das 1454 erbaute Zunfthaus der Merzler, die als Kleinhändler die städtische Bevölkerung mit Mehl, Eiern, Schmalz, Öl, Salzheringen, Nüssen, Obst usw. versorgten.
Zur Zunft gehörten auch die Müller, Seifensieder und Krummhornmacher, darunter die Familie Wier, deren Holzblasinstrumente im 16. Jahrhundert europaweit Käufer fanden.

Metzgerzunft und Wirtshaus Zum Schiff

(Weinmarkt 10)

Die reichsstädtischen Metzger kauften 1487 das Haus und bestimmten es zum Gemeinschaftshaus ihrer Zunft, in der auch Hafner und Kuttler organisiert waren. Nach der Auflösung der Zünfte im frühen 19. Jahrhundert befindet sich das Gasthaus Schiff der Brauerei Rittmayer in den Räumlichkeiten. Im benachbarten „Rittmayerischen Collosseum" wurden in den unruhigen 20er und 30er Jahren des 20. Jahrhunderts politische Reden geschwungen und teils gewalttätige Auseinandersetzungen ausgetragen. 1923 siedelte die Brauerei in einen Zweckbau am Kaisergraben aus.

Eichhaus
(Weinmarkt 14)

Im Vorgängerbau des Eichhauses befand sich im ersten Stock die 1435 erstmalig erwähnte Mädchenschule. 1579 erfolgte der Neubau des Eichhauses. Zu den Aufgaben der Eichmeister gehörten u.a. die Qualitätsprüfungen des in Memmingen ausgeschenkten Weines.

Jakob von Stählin

Der Sohn des Memminger Eichmeisters erhielt 1735 als 26jähriger einen Ruf an die St. Petersburger Akademie der Wissenschaften und Künste, wurde 1737 Professor für Rhetorik und war ab 1742 drei Jahre Erzieher des späteren Zaren Peter III. Den Machtwechsel auf dem Zarenthron (Katharina II.) 1762 überstand er trotzdem unbeschadet. Jakob von Stählin (gest. 1785) war weiterhin in kaiserlichen Kommissionen tätig, veröffentlichte als Großfürstlicher Bibliothekar historische und geographische Forschungen und pflegte als russischer Staatsrat intensive Briefkontakte in viele Länder der Erde.

Schneiderzunft
(Rossmarkt 2)

Am Rossmarkt steht die ehemalige Schneiderzunft. In dieser Zunft waren Schneider, Tuchscherer und Kürschner organisiert. Verschärfte wirtschaftliche Rahmenbedingungen am Ende des 18. Jahrhunderts führten 1793 zum letzten Handwerkeraufstand in Memmingen. Aufgelaufene Schulden und drückende Lasten veranlassten 36 Schneidergesellen unter Mitnahme der Zunftlade zum Verlassen der Stadt. Ihr Plan, sich unter den Schutz des Benediktinerklosters Ottobeuren zu begeben, scheiterte am Widerstand des Abtes. Nach Memmingen zurückgekehrt, verbannte man die vier Anführer, drei weitere kamen für drei Tage bei Wasser und Brot ins Gefängnis.
Dass das Memminger Handwerk auch nach Auflösung der Zünfte noch einen hohe Qualitätsstandart hatte, bezeugt die Bronzemedaille bei der Industriemesse in New York 1854 für den Kürschner Karl Wörlen.

Kramerzunft
(Weinmarkt 15)

Als die Kramerzunft 1478 das Haus am Stadtbach erwarb, endete die mit der Künstlerfamilie Strigel (Hans und Ivo) verbundene Phase der Hausgeschichte. Als Vereinigung von 42 Berufen, vom Apotheker bis zum Weinschenk, gestaltete die Kramerzunft vor allem in Zeiten der Zunftherrschaft (1347-1555) einen wichtigen Teil des Wirtschaftslebens innerhalb der Stadt. Beschaulicher ging es im 18. Jahrhundert zu, als hier das Collegium Musicum das Musikleben bereicherte. Seit 1866 besaß und nutzte der Gewerbe- und Leseverein, anschließend die Kreishandwerkerschaft das Haus. In den 60er Jahren gingen wichtige Teile der gotischen Wand- und Deckenvertäfelung verloren; seit 2004 sind die noch erhaltenen Teile nach einer umfassenden Sanierung wieder sichtbar.

Zwölf Bauernartikel

Die Frondienste und Abgaben der Bauern waren im Laufe der Jahrhunderte ins Unerträgliche gestiegen. Lösungsansätze boten die reformatorischen Predigten Christoph Schappelers, der mit seinen Forderungen nach Abschaffung des Zehnten und der Leibeigenschaft auf Gehör stieß. Den Memminger Bauern, die sich im Februar 1525 in zehn Artikeln an den Rat wandten, wurden weitgehende Zugeständnisse eingeräumt;

der Ruf Memmingens als bauernfreundliche Stadt war begründet.
Dies erklärt wohl auch, warum sich die 50 Abgeordneten der aufständischen Bauernhaufen, des Baltringer, See- und Allgäuhaufens am 6./7. März 1525 in der Reichsstadt Memmingen und hier im größten Versammlungsort, der Kramerzunftstube, versammelten, zur „Christlichen Vereinigung" zusammenschlossen und die sog. „Zwölf Artikel" als Grundlage für Verhandlungen verabschiedeten.
Sebastian Lotzer, ein aus Horb gebürtiger Kürschner und „Laientheologe", stellte zusammen mit Dr. Schappeler die Forderungen der aufständischen Bauern zusammen. Sie machten die Heilige Schrift, also göttliches Recht, zur Grundlage ihrer Anliegen: Recht der Gemeinden zur Wahl ihrer Pfarrer, die vom Ertrag des Großzehnten versorgt werden sollen, Abschaffung des Kleinzehnten und der Leibeigenschaft, Freigabe von Jagd, Fischerei und Gemeinde-

waldnutzung, Bemessung der Frondienste und Gültabgaben, Abschaffung der Todfallabgaben – die Zwölf Bauernartikel sind „Beschwerdeschrift, Reformprogramm und revolutionäres Manifest" (Peter Blickle). Die Artikel verbreiteten sich in gedruckter Form in Windeseile, 25.000 Stück innerhalb weniger Monate. Allerdings gerieten sie nach der blutigen Niederschlagung des Bauernaufstandes durch den Schwäbischen Bund weitgehend in Vergessenheit. Während Lotzer und Schappeler fliehen konnten, wurde Memmingens Lateinschulmeister Paul Hoepp wegen seiner Sympathie mit den Bauern hingerichtet.
Im 20. Jahrhundert entdeckte die Geschichtswissenschaft in den Zwölf Artikeln Wurzeln moderner demokratischer Verfassungen.
Der „Memminger Freiheitspreis 1525", erstmals 2005 an den ehemaligen ungarischen Außenminister G. Horn verliehen, ehrt deshalb um Freiheit und Demokratie verdiente Persönlichkeiten.

Die historische Gruppe „Die schwarze Schaar" hält ein elektonisches Archiv zum Thema „Bauernkriege" bereit. (www.schwarze-schaar.de)

Ehem. Zuckerbäckerei Zobel
(Weinmarkt 7)

Seit 1758 befand sich die Zuckerbäckerei Zobel am Weinmarkt. Benjamin Zobel erhielt 1796 von Kanzleidirektor Lupin den Auftrag, für den im Hermansbau logierenden Prinz Condeé eine Schlacht in Zucker nachzubilden. Sein Sohn Benjamin war am königlichen Hof in London als Konditor tätig.
Aus der Technik des Tortengusses entwickelte er die Sandbildtechnik, die sich großer Beliebtheit erfreute.

Zimmerleute-Zunfthaus
(Weinmarkt 3)

Die Zimmerleute hatten ihren Sitz ebenfalls am Weinmarkt.
Eine Holzdecke aus der Erbauungszeit des Zunfthauses um 1500 legt ein eindrucksvolles Zeugnis ihrer Arbeit ab.

Leonhardsches Haus
(Kramerstraße 24)

Das stattliche Haus, um 1800 im Besitz des Großhändlers Johann Kaspar von Daumiller, beherbergte nach 1945 die Verkaufsräume der international bedeutenden „Hauser Modelle" (Fabrikation in der Buxacher Straße).

Gerberzunft
(Maximilianstraße 4)

Als Albrecht Gerstle 1907 sein Bankhaus mit der Bayerischen Handelsbank fusionierte, stand am Anfang der Neubau einer Filiale im Stil der Neorenaissance anstelle der alten Gerberzunft. 1868 war Gerstle nach Memmingen gekommen, um hier ins Bankhaus Mayer einzutreten. Unter seiner Vorstandschaft errichtete die Israelitische Kultusgemeinde eine Synagoge am Kaisergraben (1908/09). Als erster Jude zog er 1891 ins städtische Kollegium der Gemeindebevollmächtigten ein.
Als sich 1919 Soldaten und Bürger zum Kampf gegen die Räterepublik in München verbündeten, befand sich das Hauptquartier des „Freikorps Memmingen" in Gerstles Wohnung im Obergeschoss der Bank.

Einhornapotheke
(Kramerstraße 33)

In wesentlichen Teilen aus dem 16. Jahrhundert stammend, wurde die Fassade Anfang des 19. Jahrhunderts klassizistisch umgestaltet. Die elegante Stuckdecke im Inneren der Apotheke datiert um 1730. Vieles von der wertvollen historischen Inneneinrichtung ist noch erhalten. Die Einhornapotheke ist die älteste Apotheke in Memmingen, die - eine bereits 1489 erwähnte Apothekertradition fortführend - 1564 von Ludwig Conrater in diesem Haus gegründet wurde und bereits 1576 eine eigene Wasserleitung besaß.
Das Einhorn – dargestellt am Dach und auf den renovierten Terrakottafließen – steht seit jeher in enger Verbindung mit Apotheken. Nach Plinius befindet sich unter dem Horn der Karfunkelstein, der alle Krankheiten heilt.

Daumillerhaus

(Kramerstraße 35)

1785 erteilten die Gebrüder Daumiller dem Memminger Baumeister Eitel Friedrich Knoll den Auftrag, für die Familie ein elegantes Eckhaus mit Mansardendach zu errichten. Die Firma Daumiller war eines der größten Leinenhandelshäuser in Memmingen. Die Gebrüder Daumiller ließen einen benachbarten Stadel (Kramerstraße 22) ausbauen, um dort in Eigenregie färben und mangen zu können.
Das zünftische Färberhandwerk führte dagegen erfolgreich Klage: der Magistrat beschloss einen sofortigen Baustopp und bat andere Städte um Meinungsäußerung. Allein Frankfurt plädierte angesichts des allgemeinen Umbruchs für einen Vorrang des „freyen Commercii“ vor dem traditionellen Zunftwesen.
Um 1800 setzte ein rapider Vermögensverfall ein und beendete die erfolgreiche, aber kurze Geschichte der Daumillerschen Handlung.

Storchenfärbe

(Kuttelgasse 2)

Das stark vorkragende Stockwerk weist die sog. Storchenfärbe als Bau des 15. Jahrhunderts aus. Die für eine Färberei wichtige Wasserversorgung ist bereits im Wasserleitungsplan von 1680 belegt. Es gab in Memmingen sowohl Schwarz- als auch Waidfärber. Erstere färbten mittels Eisensalz und Gerbsäure die Textilien schwarz oder grau.
Die Waidfärber bearbeiteten alle anderen Farben. Aufgrund der hohen Qualität textiler Erzeugnisse gelangte das Memminger Färberhandwerk im 18. Jahrhundert zu einer beachtlichen Blüte.

Roter Ochse

(Kramerstraße 37)

Der Gaststätte „Zum Roten Ochsen“, deren vollständiger Abriss 2000 verhindert werden konnte, widmete Christoph Schorer in seiner Memminger Chronik einen ausführlichen Eintrag zum Jahr 1503:
Ein Pfeiferlein habe sich hier einst nach einer Zechtour auf einer Bank

vor dem Wirtshaus schlafen gelegt. Dies aber ausgerechnet in einer Zeit, als in Memmingen die Pest wütete. Als die Totengräber nachts vorüber gingen, um die vor die Häuser gelegten Toten einzusammeln, nahmen sie auch das Pfeiferlein mit und legten ihn auf dem Martinskirchhof zu den anderen in die Pestgrube. Erst am nächsten Morgen erwachte er. In seiner Verzweiflung nahm er sein Pfeife, um die zur Frühmesse versammelten Gläubigen auf sich aufmerksam zu machen. Diese erschraken sehr und wollten die Kirche nicht verlassen.

Drei Mutige wagten sich schließlich heraus, nahmen die Bretter von der Grube und retteten den armen Sünder.

Elsbethenkloster

(Theaterplatz 2/4/6)

Benannt nach der Landgräfin Elisabeth von Thüringen ging das Kloster Mitte des 13. Jahrhunderts aus einer Gemeinschaft von Frauen hervor, die sich der Armen- und Krankenpflege widmeten. Nach Gründung des Augustinereremitenklosters (heute St. Johann) um 1280 ging die Seelsorge über die Augustinerinnen an dieses über. Der wachsende Wohlstand des Klosters führte ab 1472 zu Um- und Neubauten von Kirche, Kreuzgang und Kloster. Seit der Mitte des 15. Jahrhunderts entwickelte es sich zur Versorgungsstätte für unverheiratete Töchter aus Geschlechterfamilien. Dass es 1519 noch 24 Nonnen gab, lässt auf ein reges Klosterleben schließen, doch bereits fünf Jahre später baten einige von ihnen den Rat, das Kloster zwecks Heiratsabsichten verlassen zu dürfen. Die Auflösung des Klosters 1529 erfolgte im Zuge der Einführung des neuen Glaubens in der Reichsstadt. Das Klostergebäude wurde zunächst zum Almosenkasten, schließlich ab 1572 zur Lateinschule samt Wohnung des Rektors. Im Gefolge bayerischer Schulreformen zogen 1805 die protestantischen und katholischen Volksschulklassen ins Schulhaus ein. Das Bevölkerungswachstum im 19. Jahrhundert machte einen Umbau des Gebäudes und schließlich 1902 die Auslagerung der Knabenklassen erforderlich. 1995 wurde die „Elsbethenschule" in einen Neubau neben der Bismarckschule am St. Josefskirchplatz verlegt. Von der ehemaligen Klosterkirche sind nurmehr Grundmauern und das Tor aus Tuffsteinen erhalten.

Im nördlichen erhaltenen Teil des 1472-75 erbauten, von Hans Strigel d.J. freskierten Kreuzgangs findet sich eine Ansicht Jerusalems in der Gestalt Memmingens.

Landestheater Schwaben

Theater wurde seit 1802 im ehemaligen Zeughaus gespielt, das 1620 anstelle eines Klosterstadels errichtet worden war. Nach der Pleite der Dramatischen Gesellschaft wurden Gastspiele auswärtiger Ensembles veranstaltet. Mit finanzieller Unterstützung durch einen eigens gegründeten Theaterbauverein konnte 1877 das Theater umgebaut und 1905 mit einer neubarocken Fassade versehen werden. Seit 1937 spielt hier ein festes Ensemble. Zuschauerraum (ehem. Zeughaus) und Foyer (im Bereich der ehemaligen Klosterkirche) erfuhren 1974 eine umfassende Renovierung und moderne Neugestaltung, die Werkstätten im Jahr 2010.

KLÖSTERLE-QUARTIER

Weinstube „Zur Eiche"

(Obere Bachgasse 7)

Neben der Weinstube befand sich 1461 das „neue Bad" (Obere Bachgasse 5). Im Mittelalter gab es neben den zunfteigenen Trinkstuben auch Badstuben zum Vergnügen und zur Unterhaltung der Bevölkerung, in denen niemand verhaftet werden durfte. Um 1500 vollzog sich die Trennung von Badern und Balbierern. Durften die Bader nur Bade-, Schröpf- und Scheraufgaben wahrnehmen, so entwickelten sich aus Balbieren die Wundärzte. Berühmt war Memmingen für seine Holz- oder Rauchkur. Da sie angeblich gegen Syphilis half, drängten die Leute in die darin spezialisierten Badstuben. 1630 sah sich deshalb der Rat gezwungen, die Zahl auswärtiger Kranker zu beschränken, so groß war der Andrang. Für diese Kur verwendete man die Späne des Guajakholzes aus Amerika. Auch kam das Einatmen harziger Dämpfe zur Anwendung.

ohannes Leeb

1790 im Haus Kramerstraße 46 geboren, verließ Johannes Leeb früh die Stadt, um in indau und in der Schweiz zu lernen, bevor r 1814 die Académie des Quatre in Paris esuchte, das Zentrum des Klassizismus. b 1817 befand er sich für über sechs Jahre u Studien in Rom und Neapel, nur durch inen kurzen Aufenthalt in München mit estaurierungsarbeiten in der Glyptothek nterbrochen. In Rom arbeitete er beim änischen Bildhauer Thorwaldsen am Grabnal für Papst Pius VII. im Petersdom mit. 826 übersiedelte er nach München, um für den kunstsinnigen König udwig I. Brunnenbauwerke zu schaffen. ber auch in seiner Heimatstadt Memmingen sind Werke erhalten, o etwa das von ihm 1862 gestiftete Zingg-Denkmal oder die Büste des ayerischen Königs Maximilian II. auf dem Landgerichtsgebäude am allhof.

öhlins Klösterle

Im Klösterle 5)

n 1490 von Elisabeth Lauginger, verwitwete Vöhlin, gestifteten sog. lösterle lebten Frauen ohne Klausur und Gelübde, die nach dem Willen er Stifterin Kranken und Sterbenden Trost spendeten. Nach 1531 wuren aus diesen Seelschwestern Pflegeschwestern, die von den aus der eichsstadt vertriebenen Franziskanerinnen die Pflege kranker Menschen bernahmen. Diesen wurden vor allem Erfrischungen gereicht, .B. Beerengelee, mit Rosenextrakt versetztes Backwerk und Lebkuchen. achdem sie 1538 die Erlaubnis zur Zubereitung von Medikamenten,

Ölen, Rosenhonig und Wasserbrennen erhalten hatten, gerieten sie in Konkurrenz zu den Apotheken. Mit der Hausordnung von 1602 wurde das evangelisch-lutherische Bekenntnis zur Voraussetzung für eine Aufnahme ins Schwesternhaus. Indem sie Verstorbene wuschen und einkleideten sowie Bestattungsfeiern organisierten, wurden die Schwestern allmählich zu "Totennonnen". 1806 erfolgte die Auflösung des Klösterle; das Gebäude wurde 1874 an einen Küfer verkauft.
Große Gefahr drohte dem gesamten Häuserblock, als 1921 ein Großbrand im sog. „Bienenkorb" (Kramerstraße 34) ausbrach.

Bäckerzunft

(Obere Bachgasse 1)

Die Bäckerzunft hat hier seit der zweiten Hälfte des 16. Jahrhunderts ihren Sitz. Diese Zunft, zu der auch Brauer und Bierwirte zählten, gehörte im 18. Jahrhundert zu den wirtschaftlich gut gestellten Zünften. Zur Versorgung der Bevölkerung wurde vom Rat bestimmt, dass auch am Sonntag immer zwei Bäcker Brot backen sollten. Um die Memminger Bäcker vor der Konkurrenz der Landbäcker zu schützen, durften die städtischen Wirte ihr Brot nur von hiesigen Bäckern kaufen.

ROSSMARKT-QUARTIER

Furtenbachhaus

(Rossmarkt 1)

Das um 1431 errichtete Haus ist mit der Offenlegung des Fachwerks ein hervorragendes Beispiel einer gelungenen Sanierung. Die Künstler Hans und Ivo Strigel sowie Sebastian Bocksdorfer wohnten hier.
Die Familie von Furtenbach, die sich ab 1522 in Memmingen aufhielt, handelte von hier aus mit Samt und gesponnenem Gold.
1816 nahm hier das erste Memminger Cafehaus seinen Betrieb auf.

Zum Falken

1761 ließ sich Stadtrichter und Ratskonsulent Jakob Friedrich von Stoll zu Wespach am Rossmarkt ein großzügiges Palais errichten. Sein Großneffe Johann Georg ließ 1805 eine Allee zum Berger Schlößle anlegen, das zwei Jahre zuvor sein Bruder Melchior Egloff von Stoll zu Wespach (1779-1862) gekauft hatte. Melchior Egloff verwaltete den Grundbesitz der Familie, zu dem seit 1803 „Schlößle" in Memmingerberg und seit 1823 Schloss Grünenfurt bei Amendingen gehörte. 1839 eröffnete der Schiffwirt Georg Flach hier die Gastwirtschaft „Zum Falken", die nach einem Brand 1867 in klassizistisch anmutenden Formen wiederhergestellt wurde.

Der heutige Neubau von 1985 ahmt alte Stollsche Formen nach.

Roterhaus
(Rotergasse 2)

Seit 1485 im Besitz des Prämonstratenserklosters Rot an der Rot, ließ Abt Balthasar Held das Haus in seiner jetzigen Form im Jahr 1606 errichten. Solch ein Stadthaus diente nicht nur repräsentativen Zwecken, in Kriegszeiten konnte hier auch der Kirchenschatz in Sicherheit gebracht werden.

Zum Alpenrösle
(Lindauer Straße 4)

Turbulente Zeiten erlebte Georg Wilhelm Zoller (gest. 1716), der hier wohnte, als er nach der Besetzung Memmingens durch bayerische und französische Truppen 1702 den Status der Reichsunmittelbarkeit zu verteidigen hatte. Die Besatzung zog nach der Schlacht von Höchstätt 1704 ab, doch hatte die Reichsstadt noch viele Jahre an den finanziellen Problemen zu leiden. 1905 erwarb Gustav Ulmer die handbetriebene,

gasbezeizte Kaffeebrennerei samt „Colonial- und Spezereihandlung Kaspar Meyer" und spezialisierte sich auf das Rösten und Veredeln von Kaffee und Tee.

Als fortschrittlicher Kaufmann errichtete er nicht nur im Nachbarhaus eine elektrische Kaffeerösterei, er ließ sich auch einen der ersten Telefonanschlüsse in Memmingen legen.

Oskar Ulmer modernisierte 1956 die Kaffeeröstanlage.

Zum Hasen

(Obere Bachgasse 12)

Johann Friedrich Knoll schuf einen der elegantesten Barockbauten in der Stadt. Die Inschrift über dem Eingang berichtet davon:

„Gasthaus zum Zeichen des Hasen;
Jakob Friedrich Bilgram hat's von Grund auf wieder 1782 machen lassen durch den Architekten Johann Friedrich Knoll.
Seid gegrüßt, ihr Gäste."

Dinkelmayerhaus

(Obere Bachgasse 6)

Sanft schwingt die Fassade dieses in der Mitte des 18. Jahrhunderts gebauten Hauses parallel zum Stadtbach. Benannt ist es nach der Wirtsfamilie Dinkelmayer, die hier bis nach 1945 die Weinstube „Zum Weinberg" betrieb.

Nebenan (Obere Bachgasse 8) betrieb die Memminger Unterhospitalstiftung eine evangelische Krippen- und Waisenanstalt, die von Neuendettelsauer Diakonissen betreut wurde.

Lindauer Tor, Rote Kaserne, Zum Kornhaus, Frauenhaus

Zwischen Schweizerberg und Kempter Tor

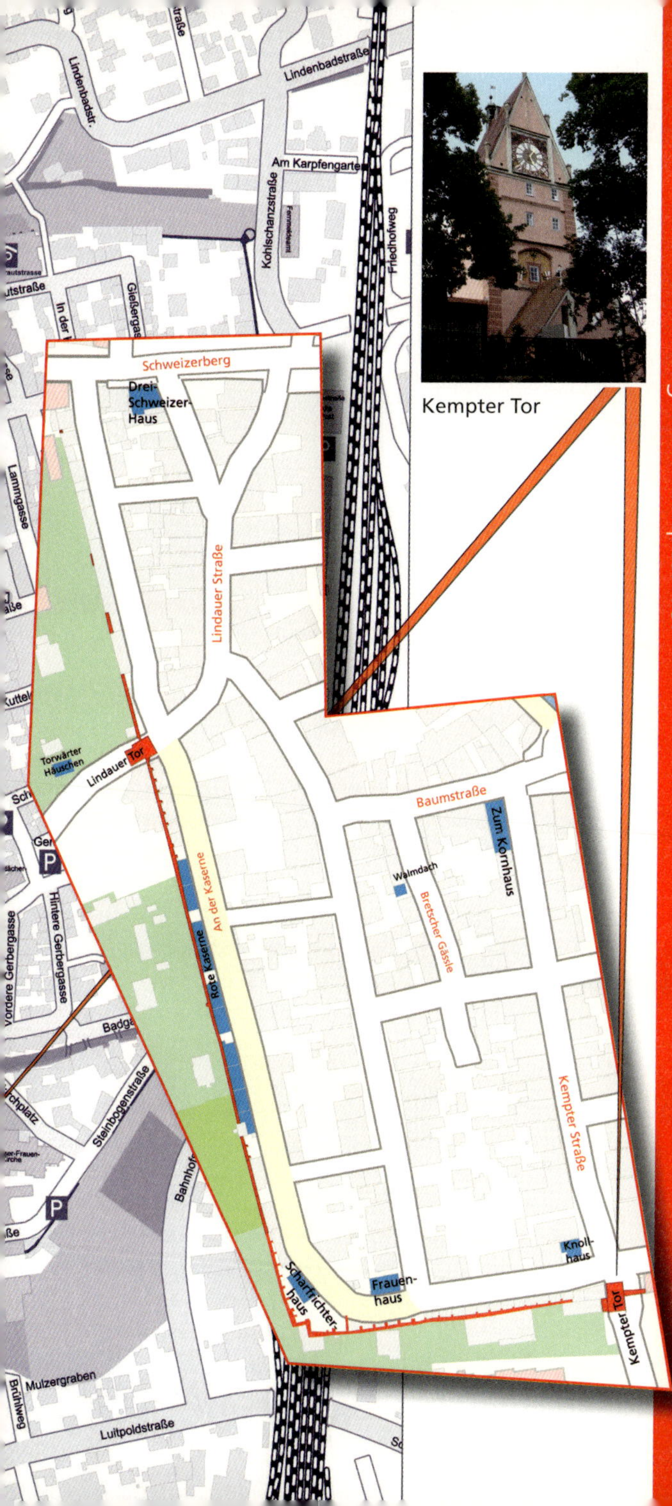

Kempter Tor

Die durchgängige Stadtmauer am Schweizerberg wurde erst 1897 durchbrochen, zuvor war hier am „Saumarkt" keine Durchgangsstraße, sondern ein innerstädtischer Platz.
Die Stadt konnte nach Südwesten zum Bodensee durch das Lindauer Tor, nach Süden durch das Kempter Tor verlassen werden.
Zwiespältig war der Ruf des südwestlichsten Quartiers der Altstadt, das „unreine Viertel" mit Scharfrichterhaus und Frauenhaus, dem mittelalterlichen Bordell. Durch die breite Weberstraße, benannt nach dem zahlenmäßig größten Gewerbe in der Reichsstadt, floss in früheren Jahrhunderten der kanalisierte Zellerbach zum Schrannenplatz, wo er in den Stadtbach mündete.
Der besondere Reiz dieses Teils der Altstadt liegt in der *fast vollständig erhaltenen Stadtmauer mit Wehrgang.*

LINDAUERTOR-QUARTIER

Drei-Schweizer-Haus
(Schweizerberg 13)

Welches Ereignis dem Haus seinen Namen gab, ist an der Fassade zu lesen: „Als Demut weint und Hochmut lacht, da ward der Schweizer Bund gemacht. Dies Haus stehet in Gottes Hand, zu den drey Schweizer wird es genannt."
Auftraggeber und Künstler des dargestellten Rütlischwurs sind leider unbekannt, dessen Hintergrund in den jahrhundertelangen Beziehungen Memmingens zur Schweiz im Salz- und Textilhandel und in der zwinglianischen Ausrichtung des Memminger Religionswesens zu suchen ist.

Kinderfest

Auf die Belohnung der besten Schülerinnen und Schüler nimmt in mehrfach geänderter und modernisierter Form das 1571 erstmals erwähnte Kinderfest noch heute Bezug, das seit 1955 von den Klassen der Grundschulen gefeiert wird. Den Gottesdiensten am Morgen folgen Lieder und Tänze auf dem Marktplatz. Nach der Verteilung von Geschenken ziehen die Kinder nachmittags in einem fröhlichen Festzug zur Spielwiese beim Stadion im Westen der Stadt. Das Bild am Haus Schweizerberg 11 ahmt ein Kinderfestgemälde von Elias Friedrich Küchlin (Original im Stadtmuseum) nach, das den zu Reichsstadtzeiten gebräuchlichen Reigentanz der versammelten Kinder zum Abschluss des Schuljahres zeigt.

Johann Heiß

1610 wurde im Haus Weberstraße 8 der Maler Johann Heiß als Sohn eines kaiserlichen Notars geboren. Der Besuch der Lateinschule sollte sich für ihn später bei der Ausarbeitung seiner Gemälde auszahlen, waren doch Darstellungen aus der christlichen und antiken Mythologie damals sehr beliebt. 1655 begann Heiß seine Lehre bei den Memminger Malern Hans Conrad und Johann Sichelbein. Er lernte beim Augsburger Maler Heinrich Schönfeld, ab 1659 hielt er sich zu Studien in Italien auf. Prachtvolle Architekturdarstellung, pralle Körper und dramatische Lichteffekte geben seinen Historienbildern ihre Ausstrahlung.

Nach seiner Rückkehr aus Italien bekam er Aufträge vom Stuttgarter Hof und den Klöstern Oberschwabens. Heute sind seine Gemälde in vielen öffentlichen und privaten Sammlungen vertreten. Die durch wertvolle Neuerwerbungen erweiterte Heißgalerie im Stadtmuseum im Hermansbau bietet einen eindrucksvollen Blick auf sein Schaffen.

Lindauer Tor

(Lindauer Straße 30)

Um 1371 entstanden, ähnelte das Tor ursprünglich dem Kempter Tor. Als bayerische Truppen 1647 die Reichsstadt belagerten, befanden sich hier neben den 6.000 Stadtbewohnern auch ca. 4.700 Bauern, die mit ihrem Vieh in die Stadt geflohen waren. Etwa 5.000 Kanonenkugeln gingen auf die Stadt nieder und zerstörten neben einigen Wohnhäusern auch das Wester-, Kalch- und Lindauer Tor sowie vier Türme zwischen Lindauer Tor und Hoher Wacht. Nach dem Abzug der schwedischen Besatzung am 15. November 1647 ließ der bayerische Stadtkommandant Tore, Türme und Stadtmauer wieder aufbauen.

Vor dem Lindauer Tor steht noch das kleine Häuschen des Torwärters von 1742.

Rote Kaserne
(An der Kaserne 20)

In der Kasernengasse wird man an eine Zeit erinnert, in der die Reichsstadt Memmingen bayerisch besetzt war. Für seine Regimenter ließ Kurfürst Max Emanuel zwischen 1702 und 1704 neben dem sog. Soldaten- oder Kasernenturm zwei langgestreckte Kasernen an der Stadtmauer errichten, wovon die eine 1898 einem Brand zum Opfer fiel.

Weberdunken

Im 16. Jahrhundert waren ca. 20 Prozent der Memminger Bevölkerung am Webstuhl tätig, der im Erdgeschoss eines Weberhauses aufgestellt war („Weberdunken"). Hergestellt wurde neben Leinen auch Barchent (Mischgewebe aus Baumwolle auf Leinenkette). Die hergestellten Textilien mussten der Gewerbeschau zur Prüfung vorgelegt werden und wurden dabei in verschiedene Qualitätsklassen eingeteilt.

Knollhaus
(Kempter Straße 30)

Die Bau- und Werkmeisterfamilie Knoll errichtete sich am Ende des 18. Jahrhunderts dieses Anwesen. Die Pilaster, der Rokkokostuck und die Fenstereinteilung verleihen dem Wohnhaus sein elegantes Aussehen. Die generationenlange Bautätigkeit der Familie Knoll hinterließ ein reiches Erbe.

In Memmingen erbauten sie u.a. das Daumillerhaus und das Gasthaus Hasen.
Im Umland errichteten sie die Kirche in Buxach, Schloß Künersberg und das Leutkircher Rathaus.
Aber auch Zweck- und Funktionsbauten wie drei Stadtbachbrücken (beim Eichhaus, am Luginsland und am Marktplatz) und die Papiermühlen an Buxach und Haienbach sind hier zu nennen.

Kempter Tor
(Kempter Straße 36/38)

Als vorletztes der großen Stadttore (Seite 97) wurde 1393 das Tor nach Kempten fertiggestellt, nachdem das alte Kempter Tor in der Weberstraße abgebrochen war.

1543 zog Kaiser Karl V. mit 5.000 spanischen Soldaten hindurch.
Der freundliche Empfang durch Rat und Bevölkerung stimmte den Kaiser gnädig, war er doch seit Einführung der Reformation nicht gut auf Memmingen zu sprechen.
Zu Ende des 19. Jahrhunderts sollte das Kempter Tor wie Notzentor oder Kalchtor dem modernen Verkehr weichen. Dem Eingreifen von Prinzregent Luitpold 1891 ist seine Erhaltung zu verdanken.

Walmdach
(Bretschergässle 6)

Eines der wenigen Walmdachhäuser aus dem 15. Jahrhundert ist hier erhalten geblieben. Wegen erhöhter Feuergefahr verbot der Rat 1488 diese Bauweise, so dass sie nach und nach aus dem Stadtbild verschwand.
Das Bretschergässle ist nach der Familie Bretscher (Berufsbezeichnung für Schwertmacher) benannt.

Zum Kornhaus
(Baumstraße 1)

Das im 1477 errichtete Haus wurde zu Beginn des 18. Jahrhunderts durch Hans Georg Küner barockisiert.
1853 gelangte das Anwesen in den Besitz der Glashandlung Schwarz, die es neu verputzen ließ (vgl. Wetterfahne 1859) und 1895 nach Nürnberger Vorbildern den barocken Erker im Neu-Renaissance-Stil mit den Familienwappen Schwarz und von Ammon umgestalten ließ.

SCHARFRICHTER-QUARTIER

Scharfrichterhaus
(An der Kaserne 28)

Ganz an die Stadtmauer gedrückt steht das Haus des Scharfrichters. 1350 hatte König Karl IV der Stadt das Recht verliehen, den Ammann als bisherigen Vertreter des Königs und ab 1403 Träger des Blutbannes selbst zu bestimmen. Zu den Aufgaben des Scharfrichters, in Memmingen erstmals 1428 erwähnt, zählte neben Foltern und Hinrichten der Delinquenten auch das Reinigen der Stadtmauer, das Schinden kranker Tiere und das „Schlagen" tollwütiger Hunde.

Freie Wohnung, eine Provision pro Hinrichtung und neue Handschuhe und Rock nach jeder Hinrichtung waren seine offiziellen Einnahmen. Auch durfte er die Kleidung der Hingerichteten behalten. Zur Ausübung seines Berufes war die Ablieferung eines Meisterstücks notwendig. Dies musste mit dem Schwert ausgeführt werden. Für das Jahr 1767 ist der ungewöhnliche Fall belegt, dass die Witwe des Scharfrichters Widmann den Rat um Fortführung des „Unternehmens Scharfrichter" bat, was ihr auf sechs Jahre genehmigt wurde.

Richtstätten

Südlich der Altstadt an der Landstraße nach Kempten beim Schanzmeister befand sich die 1760 erneuerte Richtstatt. Auf einer weithin sichtbaren Anhöhe im Osten (nördlich Memmingerberg) stand der Galgen als

Symbol reichsstädtischer Landeshoheit. 1762 wurde ein neuer dreibeiniger Galgen auf der Dickenreiser Anhöhe, im Süden der Richtstatt, erbaut. Ertränkungen fanden im nahegelegenen Katzenweiher statt. Hochgestellte Persönlichkeiten hatten das Privileg, auf dem Marktplatz hingerichtet zu werden. Mit der Mediatisierung der Reichsstadt 1802 gingen Landeshoheit und Hochgerichtsbarkeit verloren. Richtstatt und Galgen wurden abgebrochen. Die letzte Hinrichtung fand hier am 7. Juni 1834 statt. Unter den Augen von bis zu 20.000 Schaulustigen verlor Ursula Brandmüller hier ihr Leben. Am Fischertag 1833 hatte sie ihren Ehegatten vergiftet, während ihr Geliebter das gleiche Verbrechen an seiner Frau verübte. Durch umlaufende Gerüchte aufgeschreckt, sah sich der Rat veranlasst, einzuschreiten. Um einer Verhaftung zuvorzukommen, erhängte sich der Mörder; der bereits begrabene Ehemann Brandmüller wurde exhumiert. Als bei der Obduktion Arsenspuren entdeckt wurden, folgte die Verhaftung Ursula Brandmüllers.
Sie gestand den Mord und wurde zur Hinrichtung mit dem Schwert verurteilt.

Frauenhaus
(Weberstraße 54)

Damit die „varenden frawen" – so ihre Bezeichnung 1382 – ordentlich ernährt und im Krankheitsfall gepflegt wurden, hatte ein „Frauenwirt" das reichstädtische Bordell zu leiten.

Für das Jahr 1454 ist überliefert, dass der Rat den Frauen ein Neujahrsgeschenk zukommen ließ. Bereits zum Ende des Mittelalters änderte sich die Funktion des Hauses.
Nach der Reformation wurden hier Pestkranke untergebracht und täglich mit Suppe, Fleisch, Gemüse und Wein verpflegt.

1609 wurde das Haus in seiner heutigen Gestalt errichtet.

Maximilianstraße, Vogthaus, Siebendächerhaus, Schrannenplatz, Fischertag

Unser Frauen

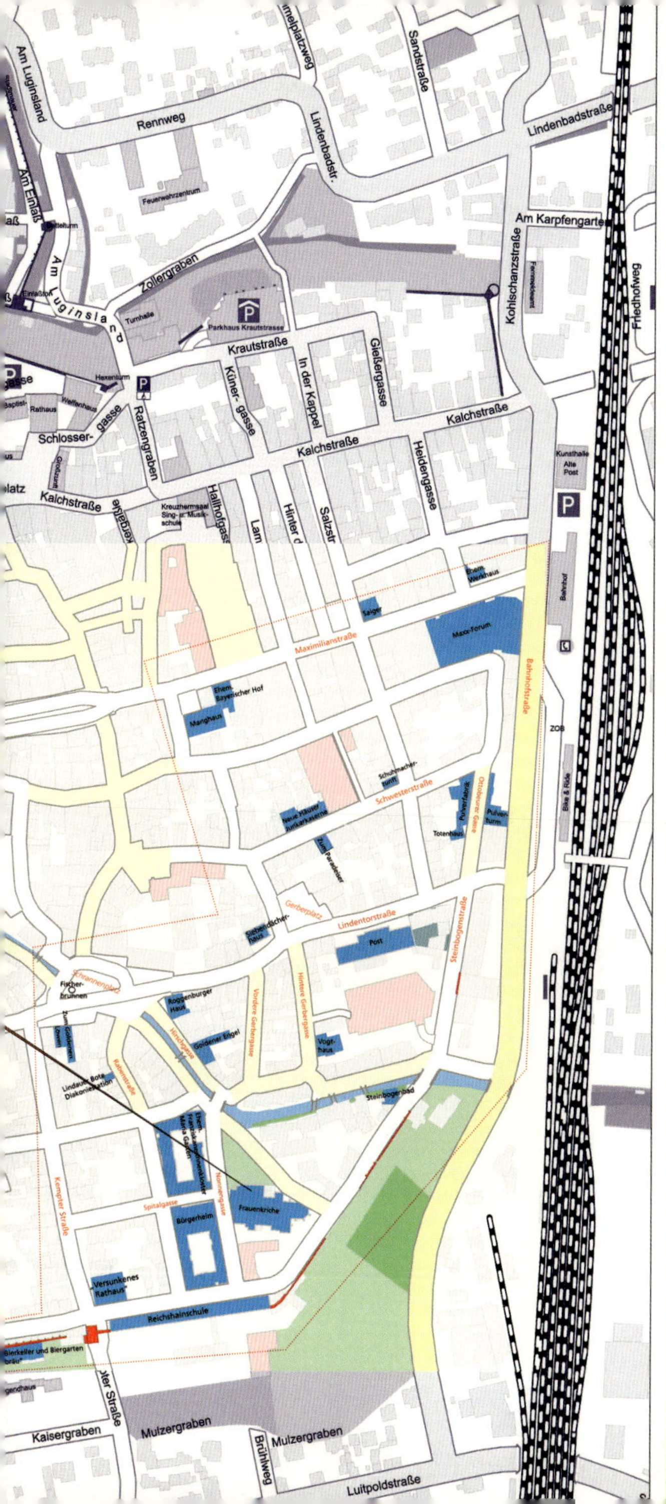

Zwischen Manghaus und Frauenkirche

ZWISCHEN MANGHAUS UND FRAUENKIRCHE

Einen schöneren Eintritt in die Stadt hätte sich der Stadtbach kaum suchen können, hier beginnt seine Reise gesäumt von alten und neuen Häusern und umweht von der Geschichte eines jahrhundertealten Gemeinwesens. Stößt man nördlich der Lindentorstraße nur noch auf Relikte der Vergangenheit, so verzaubert Memmingens „stiller Süden" mit der Frauenkirche um so mehr. Dieses uralte Siedlungsgebiet, *Zentrum eines fränkischen Königshofes*, überrascht mit seinen reizvollen Blickwinkeln, seinen verwunschenen Gassen und sagenumwobenen Geschichten. Schon beim Eisenbahnbau 1862 gingen das Lindentörle und die Wasserkunst samt Wasserturm verloren.
Durch den Luftangriff vom 20. April 1945 und tiefgreifende Modernisierungen wurden die Quartiere südlich der Maximilianstraße zusätzlich an mehreren Stellen ihrer historischen Bausubstanz beraubt.

MANGHAUS-QUARTIER

Manghaus

(Maximilianstraße 6)

Als eines der größeren Bauvorhaben der Stadt und Gemeinschaftshaus für die städtischen Färber wurde 1583 das Manghaus an Stelle eines

bereits im 15. Jahrhundert erwähnten „tuchhuses" (1407) errichtet. Eine Gedenktafel an der Nordwand mit Reichs- und Stadtwappen drückt dies in Gedichtform aus: „1583. Diß Haußb steht in Gottes Hand / das Manghauß ist es genandt. / Erbawet zu dem gemainen Nutz / der wachse fort zu Gottes Schutz." 1710 errichtete die Reichsstadt hier ein Zucht- und Arbeitshaus („Polizeistockhaus"), um im Sinne damaliger Vorstellungen

Armut durch Armenbeschäftigung zu bekämpfen.
Doch sorgte die Beschäftigung „unredlicher" Personen für Konfliktstoff: Es kam zu Boykottdrohungen anderer Städte. Diese warfen dem Memminger Handwerk vor, selbst „unredlich" geworden zu sein, weshalb ihre Ware keinesfalls exportiert werden dürfe. Ab 1766 wurde eine Spinnstube eingerichtet, die vor allem Frauen und Mädchen eine Verdienstmöglichkeit bot.

Ehem. Bayerischer Hof

(Maximilianstraße 10)

Die Gastwirtschaft Bayerischer Hof im ehemals Schermarschen Familienhaus war über Jahrzehnte eine der besten Adressen für Gäste in der Stadt. 1810/11 logierte König Max I. in seinen Räumen, 1833 König Ludwig I., 1836 König Wilhelm von Württemberg, 1837 König Otto von Griechenland und 1849 König Max II.
An der Südseite des Hauses steht ein hoher Turm, der im 18. Jahrhundert anstelle eines älteren Baues, evtl. Geschlechterturms, errichtet wurde.
1938 wurde das Haus Sitz der örtlichen NSDAP-Kreisleitung; im April 1945 quartierte sich hier die US-Militärregierung ein. Das westlich anschließende Nebenhaus bewohnten im 18. Jahrhundert Mitglieder der Ärzte- und Gelehrtenfamilie von Ehrhart. Das Nachbarhaus (Maximilianstraße 12) ist das Geburtshaus Caroline Rheinecks.

Balthasar Ehrhart

Der Memminger Stadtarzt, Botaniker, Geologe und Paläontologe Balthasar Ehrhart (gest. 1756) war wohl der bedeutendste Naturforscher, den das Allgäu hervorbrachte. Nach Studien in Tübingen, in der Schweiz, in Halle und in Leyden trat er 1727 in Memminger Dienste. Aus seiner Feder stammt die erste geologische Beschreibung des oberschwäbischen Raumes. Sein Sohn galt als ausgewiesener Experte der Geburtshilfe; sein Enkel Gottlieb von Ehrhart führte 1799 Pockenschutzimpfungen in Memmingen durch und verfasste 1813 eine umfangreiche physisch-medizinische Topographie seiner Heimatstadt.

Caroline Rheineck

1811 als Enkelin des Komponisten Christoph Rheineck geboren, trat Caroline Rheineck als junge Frau in die Kaiserswerther Diakonissenanstalt ein und wurde 1848 Leiterin der neuen Kleinkinderbewahranstalt in Memmingen. 1854 berief sie Wilhelm Löhe zur ersten Vorsteherin der Neuendettelsauer Diakonissenanstalt. Als sie bereits 1855 starb, trat die gebürtige Steinheimerin Amalie Rehm ihre Nachfolge an.

MAXIMILIANSTRASSEN-QUARTIER

Ehem. Werkhaus

(Maximilianstraße 21)

Werkhäusern kam in der Infrastruktur einer Stadt besondere Bedeutung zu. Einerseits waren sie Bauhöfe des Werkmeisters mit Material und Werkzeugen, andererseits wurden in ihnen militärische und feuerpolizeiliche Gerätschaften (Kanonen, Feuerkübel, Spritzen) gelagert. Ein erster Werkmeister ist bereits 1450 erwähnt, zuständig auch für die jährliche Säuberung und Reinigung des Stadtbaches. Der einstige Werkhauskomplex erstreckte sich auf mehrere Häuser und wurde 1863 mit der Öffnung des Bahnhofsvorplatzes zur Maximilianstraße abgebrochen.

Salger

(Maximilianstraße 9)

Nach dem Eisenbahnbau entwickelte sich die bis dahin städtebaulich unbedeutende Maximilianstraße zu einem Boulevard mit repräsentativen Gebäuden. Ein schönes Beispiel für einen zurückhaltend-eleganten Historismus findet sich bei diesem Eckhaus von 1887.

Maxx-Forum

(ehem. Ottobeurer Haus und Salzstädele)

Historische Bausubstanz musste 1975 dem Neubau eines Geschäftskomplexes mit Büro- und Kinoräumen weichen, darunter vor allem der Wirtschaftshof des Klosters Ottobeuren, der 1663-67 errichtet worden war. Nach der Säkularisation wurde das Haus zum bayerischen Salzamt und Geburtshaus des Schriftstellers Benno Rauchenegger (1843-1910), 1850 zum staatlichen Gefängnis. Auch das benachbarte Salzstädele (Ottobeurer Gasse 1) steht nicht mehr. In ihm hatte der reichsstädtische Stadtfischer seine Wohnung, dem die Aufsicht über alle städtischen Weiher und Fischwasser oblag.

Pulverfabrik und Pulverturm

(Schwesterstraße 22)

Von der Besemfelderschen Pulverfabrik (später Maschinenfabrik Otto) sind noch Tor, Treppenanlage und Gitter erhalten. An ihrer Stelle wurde 1861 ein Privathaus erbaut und der angrenzende Pulverturm – ein Turm der östlichen Stadtbefestigung – zum Belvedere ausgebaut (späteres Café Weinsiegel). Bis zum Eisenbahnbau befand sich an der Lindentorstraße das sog. Lindentörle, welches zu den vor den Toren der Stadt gelegenen Bürgergärten führte.

Totenhaus

(Ottobeurer Gasse 10)

In unmittelbarer Nachbarschaft stand das reichsstädtische Totenhaus, das im Pestjahr 1521 für die Aufnahme von Pestkranken umgebaut wurde. Das Haus diente zudem der Aufbewahrung der Verstorbenen bis zum Leichenzug auf den Friedhof.

Schuhmacherzunft

(Schwesterstraße 25)

1579 erbaten die Schuhmacher vom Rat ein eigenes Haus, da sie sehr arm seien und als einzige Zunft kein eigenes Haus vorweisen konnten. Schließlich konnten sie 1617 das Haus in der Waldhornstraße erwerben. 1782 kam hier Johannes Müller (gest. 1837) zur Welt. Von Beruf Schreiber und Modelstecher verfasste er in seiner Freizeit Gedichte und veröffentlichte diese 1826 unter dem Titel „Gedichte in schwäbischer Mundart".

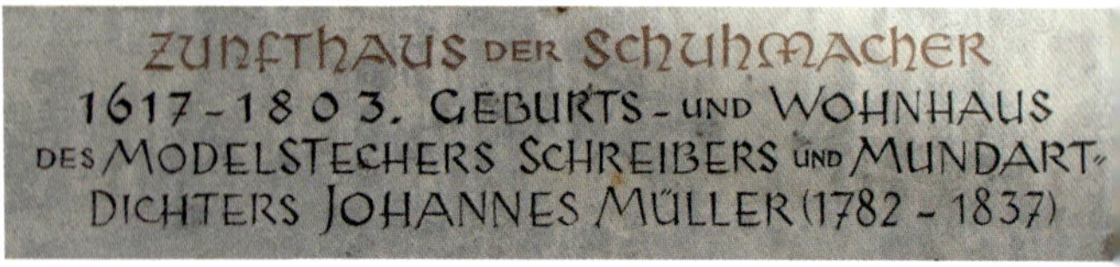

Neue Häuser / Junkerkaserne

(Schwesterstraße 13,15,17)

Bis ins frühe 19. Jahrhundert wohnten Buxachs Pfarrer nicht im Dorf, sondern in der Stadt. Als ihr Stadthaus (Schwesterstraße 15) 1733 einem

Brand zum Opfer fiel, ließ der Rat der Stadt Memmingen 1738 die sog. „Junkerkaserne" aufbauen. Von der Mitte des 19. Jahrhunderts bis 1935 befand sich hier die Buchdruckerei Theodor Otto und das Verlagshaus der Memminger Zeitung.

Zum Paradeiser
(Schwesterstraße 10)

„Zum Paradeiser" hieß bis 1988 diese Haus, benannt nach einem Gemälde „Paradies" an der Straßenfront mit der Inschrift „Erbaut um 1700".

GERBER-QUARTIER

Post
(ehem. Lindenfärbe) (Lindentorstraße 20)

1976 musste die alte Lindenfärbe einem neuen Postgebäude weichen. Im 16./17. Jahrhundert errichtet bestand hier eine reichsstädtische Färberei, die nach 1800 zum Mietshaus umgewandelt wurde. Beim Bombenangriff am 20. April 1945 wurden vor allem die benachbarten Häuser der Hinteren Gerbergasse schwer beschädigt.

Vogthaus
(Hintere Gerbergasse 13)

Die dendrochronologische Untersuchung des Dachstuhls ergab als Schlagjahr der Balken 1421. Noch 1799 wurde das Haus von einem Gerber bewohnt; wechselnde Nutzungen folgten, bis schließlich 1870 eine umfassende Neugestaltung im Stil der Neurenaissance erfolgte. Von 1874 bis 1950 befand sich hier die (Kunst-)Schreinerei Vogt,

die besonders in den 80er und 90er Jahren des 19. Jahrhunderts ihre Blütezeit erlebte. Nachdem Leonhard Vogt bereits bei der Weltausstellung in Paris 1889 eine Medaille erhalten hatte,
wurde er bei der Weltausstellung 1893 in Chicago für einen neugotischen Altar (heute in der Kirche St. Mang in Kempten) mit der Goldmedaille ausgezeichnet. Weitere Werke finden sich auch in der Kinderlehrkirche, in St. Maria in Woringen, in St. Vitus in Frickenhausen und in St. Agatha in Dickenreishausen.

Basilisk
(Vordere Gerbergasse 11)

Hier befand sich bis zum Bombenvolltreffer am 20. April 1945 im 2. Stock in einer Nische die Tonplastik des „Basilisken". Die Plastik, vermutlich ein gotischer Schlussstein aus dem Schottenkloster St. Nikolaus, blieb erhalten und fand Aufnahme im Stadtmuseum. Das Ei eines Hahnes – zweifellos äußerst selten –, ausgebrütet von einer Kröte, ist der legendäre Urgrund der Entstehung eines Basilisken – eines Mischwesens zwischen Drache und Schlange, dessen Anblick selbst Schlangen töte, und dessen Atem die Luft verpeste. Basilicum, das immer dort wachse, wo sich einst ein Basilisk befunden habe, eigne sich daher als Schutz vor Schlangen. Bevorzugt in Kellergewölben hausend, nistete sich solch ein Basilisk in diesem Haus in der Vorderen Gerbergasse ein. Einem zum Tode Verurteilten gelangt es – mit Aussicht auf Begnadigung und bewaffnet mit einem Spiegel –, den Basilisk zu töten. Vom eigenen Anblick getroffen, verstarb der Basilisk jämmerlich. Die in ganz Europa verbreitete Basiliskensage hat einen ernsten Hintergrund. Wurden Latrinengruben nicht vorschriftsgemäß alle paar Jahre gereinigt, konnte es zu unerklärlichen Todesfällen oder zum Ausbruch von Seuchen kommen, die sich nur mit der Basiliskensage erklären und vermeiden ließen.

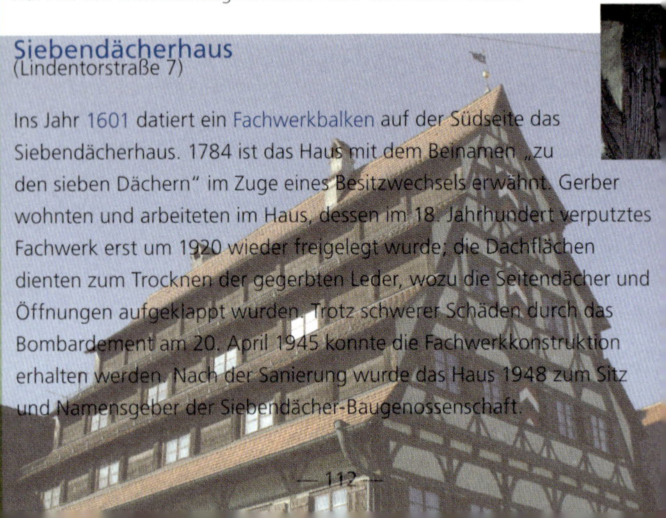

Siebendächerhaus
(Lindentorstraße 7)

Ins Jahr 1601 datiert ein Fachwerkbalken auf der Südseite das Siebendächerhaus. 1784 ist das Haus mit dem Beinamen „zu den sieben Dächern" im Zuge eines Besitzwechsels erwähnt. Gerber wohnten und arbeiteten im Haus, dessen im 18. Jahrhundert verputztes Fachwerk erst um 1920 wieder freigelegt wurde; die Dachflächen dienten zum Trocknen der gegerbten Leder, wozu die Seitendächer und Öffnungen aufgeklappt wurden. Trotz schwerer Schäden durch das Bombardement am 20. April 1945 konnte die Fachwerkkonstruktion erhalten werden. Nach der Sanierung wurde das Haus 1948 zum Sitz und Namensgeber der Siebendächer-Baugenossenschaft.

Gerberei

Das Gerberhandwerk erforderte einen aufwendigen Produktionsablauf, wie der von Mathias Natterer gestaltete Brunnen am Gerberplatz zeigt. Kellergewölbe, Lohgruben, Trockenboden und das Wasser aus Kanal oder Stadtbach – zahlreiche Faktoren spielten dabei eine Rolle. Bis zu drei Jahren dauerte die Fertigung von Leder bei den Rot- oder Schwarzgebern. Diese gerbten Rinderhäute mittels Lohe (Tannen- oder Eichenrinde). Die Weißgerber verarbeiteten in bis zu drei Monaten Kalbs- oder Schafshäute mit Alaun. Um die Versorgung der Gerber mit Häuten sicherzustellen, durfte seit 1536 in einem Umkreis von 10 Meilen kein Zwischenhandel mehr betrieben werden. Die Beschickung von Märkten bis nach Bozen zeugt vom regen Geschäftssinn der Gerber.
Fabrikation und Umweltauflagen trugen im 20 Jahrhundert zum fast vollständigen Verschwinden dieses alten Handwerks bei.

Goldener Engel

(Hirschgasse 7)

Die erste Erwähnung der Brauerei „Zum goldenen Engel“ findet sich 1591, obwohl sicher bereits zuvor hier gebraut wurde.
Ab 1824 erfolgte der Bau eines Bierkellers und Biergartens südlich des Kempter Tores. 1875 übernahm mit Hugo Bilgram erstmals ein Vertreter dieser bedeutenden Memminger Brauereifamilie das Haus. 1920 wurde die Engelbrauerei mit der Bürgerlichen Bräuhaus AG zur Bürger- und Engelbräu AG vereinigt.

War im Mittelalter das Bierwürzen mit Wermut, Fenchel oder Wacholder nichts ehrenrühriges, so taucht ab 1636 erstmals Bockbier und ab 1900 das Pils in Memmingen auf.
Der Bierausschrank war an das Braurecht geknüpft; um 1900 zählte man 23 Brauereien in der Stadt. Im danebenliegenden Haus (Hirschgasse 5) befand sich im Erdgeschoss ein Stall für 16 Pferde.

Roggenburger Haus

(Hirschgasse 1)

1462 erwarb das Prämonstratenserkloster Roggenburg ein Haus am Stadtbach, das 1545 durch Abt Jörg Ehemann, einem gebürtigen Memminger, neu errichtet wurde. Nach der Säkularisation des Klosters reihte sich das Haus als Wirtschaft zum Hecht in die lange Liste Memminger Gast- und Weinwirtschaften ein.

SCHRANNEN-QUARTIER

Zum Hirsch

(Hirschgasse 10)

Eine Hirschgerberei war namensgebend für die am Stadtbach entlang führende Gasse. Darauf weist auch die schöne Wetterfahne hin. Im Bereich der 1989 errichteten Schrannenpassage stand einst die Gastwirtschaft zur Sonne, in deren Räumen im frühen 20. Jahrhundert eine „Ölmühle" entstand.

Schrannenplatz

Die Häuserfront mit „Goldenem Löwen" und „Zum Raben" am Schrannenplatz bildet eine malerische Ansicht von Memmingen. Hier war neben Einlass, Marktplatz, Salzstadel, Schweizerberg der Sammelplatz, an welchem sich die Bürger jeden Viertels bei Gefahr sammeln mussten. Die ehemals spitalische Schranne (Schrannenplatz 6) am nördlichen Rand des Platzes wurde 1871 abgebrochen und zusammen mit dem Nachbarhaus als Gerstenschranne neuerrichtet. Ab 1934 wurde hier der nationalsozialistische Allgäuer Beobachter gedruckt; die beiden Lokalzeitungen Memminger Zeitung (Schwesterstraße) und Memminger Volksblatt (Donaustraße) mussten hierauf 1935 ihr Erscheinen einstellen. 1948 erhielt die Memminger Zeitung als Gemeinschaftsprodukt von Allgäuer Zeitung und Verlagsdruckerei Dietrich&Schuster wieder eine Lizenz und nahm hier am Schrannenplatz ihren Betrieb auf (1962/63 Errichtung eines Neubaues). Aus dem Bild des Platzes verschwunden sind zwei, einst über dem Stadtbach stehende reichsstädtische Schrannen: Kornhaus und Haberhaus. Bis ins 19. Jahrhundert war Memmingen ein bedeutender und zentraler Umschlagplatz für Getreide, das zwischen 1863 und 1908 auf einer „Rollbahn" durch die Lindentorstraße zum Güterbahnhof transportiert wurde.

Stadtbach und Fischertag

Bereits vor der Stadtgründung als Kanal von den Quellen des Benninger Riedes umgeleitet, war der Stadtbach Teil eines vor allem in der Südstadt verzweigten Kanalnetzes. Löschwasser, Antriebskraft der Stadtmühlen und Wasserversorgung des Handwerks, vielfältig diente er früheren Generationen. 1858 wurde er mit einem schmiedeeisernen Geländer versehen; auf 28 Brücken kann er überquert werden. Aus hygienischen Gründen war es seit jeher notwendig, einmal im Jahr das Bachbett zu säubern. Als in der 2. Hälfte des 19. Jahrhunderts das Interesse der Bevölkerung an historischen Festen stieg, wurde aus dem erstmals 1572 erwähnten „Abschlagen" des Baches der „Memminger Fischertag". Nach einem festen Ritual beginnt der Fischertag Ende Juli Freitag abends um 18 Uhr mit der Ausrufung durch den Büttel. Am Samstagmorgen versammeln sich mehr als tausend Fischer nach dem Fischerspruch am Schrannenplatz entlang des Stadtbaches. Unter Absingen des Fischertagsliedes „Schmotz, Schmotz, Dreck auf Dreck, Schella König,

wüaschta Sau" wartet alles gespannt auf den Böllerschuß um 8 Uhr. Wie der 1954 von Max Pöppel geschaffene, vom Zeitungsverleger August Schwingenstein gestiftete Brunnen in der Platzmitte zeigt, rücken die Fischer mit dem „Bären" (Gabelnetz) in der Hand nach diesem Startzeichen in den Bach. Zum Fischerkönig wird gekrönt, wer die schwerste Bachforelle zum Wiegen an den Marktplatz bringt.

Weinhaus „Zum Goldenen Löwen“
(Schrannenplatz 2)

Unter Einbeziehung eines Weinkellers und der Grundmauern eines Bürgerhauses wurde der Gasthof 1590 neu errichtet. Von der Belagerung Memmingens 1647 durch bayerische Soldaten zeugt eine Kanonenkugel im Giebel. Allein am 31. Oktober wurden 92 Kanonenkugeln in die von schwedischen Truppen besetzte Stadt geschossen.
Seit Alters her befand sich hier im 1. Stock eine Weinstube – das Erdgeschoss war für Fuhrwerke reserviert. Der 2. Stock bot Übernachtungsräumlichkeiten für Gäste. 1553 erfolgte die allgemeine Einführung der Wirtshausschilder. Diese „Schildgerechtigkeit“ stellte sicher, dass im betreffenden Gasthaus mindestens vier gute Betten und eine mit dem nötigen Futter versehene Stallung für mindestens acht Pferde vorhanden waren. Die zahlreichen Salzfuhrwerke zum Bodensee brachten als Rückfracht den beliebten Wein nach Memmingen.

Als 1465 der noch unreife Bodenseewein nicht zur Verfügung stand, wurden als Ersatz wöchentlich bis zu 30 Wagen mit Neckarwein geliefert.

MARIENGARTEN-QUARTIER

Lindauer Bote / Diakoniestation
(Rabenstraße 10)

Die vor allem in den südlichen Quartieren lebenden Stadtbauern hatten eine besondere Aufgabe: Für die zahlreichen Handelsfahrten stellten sie Pferde und Fuhrleute bereit. Am Ende des 18. Jahrhunderts befand sich hier in der Rabenstraße derjenige, der die Route nach Lindau bediente und im übrigen nebenbei eine Brandweinbrennerei betrieb.
1910 zog die evangelische Diakonissenstation ins Haus ein. Die Hausinschrift „Lasset uns Gutes tun und nicht müde werden“ war das Motto des aktiven und unermüdlichen Dienstes von Diakonissen in Kranken- und Altenpflege, Jugend- und Kinderbetreuung bis in die 70er Jahre des 20. Jahrhunderts.

„Versunkenes Rathaus"
(Kempter Straße 31)

Das massige, 1676 von Georg Unold als Lager- und Kontorgebäude errichtete Anwesen erhielt 1890 seine heutigen Fassaden nach Westen und Süden.
Ob sich der seltsame Hausname auf Funktion, Aussehen oder einen Besitzer des Hauses bezieht, konnte bislang noch nicht geklärt werden.

Reichshainschule
(Steinbogenstraße 2)

1711 wurde am Kempter Tor ein „Neuer Salzstadel" errichtet. 1869 zogen hier Krankenhaus und Kinderbewahranstalt ein, wofür wegen der immer größeren Raummenge Anbauten erforderlich wurden.
Nach der Verlagerung des Krankenhauses 1956 an die Bismarckstraße wurde das Gebäude zum Schulhaus für das spätere Vöhlin-Gymnasium, seit 1984 Reichshainschule.

Augsburger / Dillinger Haus
(Spitalgasse 8)

1549 gelangte das seit 1516 bischöfliche Haus zur neu errichteten Universität in Dillingen. Als 1626 Bischof Heinrich von Knöringen drei Jesuiten nach Memmingen schickte und hier wohnen ließ, entfachte sich ein heftiger Streit, da die Reichsstadt ihre Zustimmung verweigerte.
Die Auseinandersetzung fand erst mit dem Kriegszug König Gustav Adolfs von Schweden durch Süddeutschland und dem Abzug der Jesuiten aus Memmingen ein Ende. Nachdem die alte Büttelei samt Wohnung des „Eisenmeisters" hinter dem Rathaus 1813 abgebrochen worden war, wurde das 1648 erbaute Dillinger Haus für einige Jahre zum „Eisenhaus des Kreis- und Stadtgerichts" (Gefängnis).

Ehem. Krugsche Häuser
(Rabenstr. 19, Nonnengasse 2/4) Bürgenrstift

1553 gab Lorenz Stöffel, Pfarrer bei Unser Frauen, drei Wohnungen und das Dillinger Haus in eine Stiftung, damit sie zukünftig wohnungslosen Verwandten bzw. armen Bedürftigen der Stadt als Unterkunft dienen.

Ehem. Franziskanerinnenkloster Maria Garten
(Spitalgasse 3)

Franziskanerinnen aus Leutkirch konnten 1448 hinter der Frauenkirche ein Haus erwerben und 1467-1470 zu einem Kloster erweitern.
Im Unterschied zu den Augustinerinnen im Elsbethenkloster, den sogenannten „Schwarzen Schwestern", wurden die hier ansässigen Schwestern nach der Farbe ihres Habits „Graue Schwestern" genannt. Ursprünglich in der Krankenpflege tätig, zogen sie sich nach 1480 in eine strenge Klausur zurück. Da das Kloster über keine eigene Kirche verfügte, war es den Nonnen bis zur Säkularisation gestattet, die erste Empore in der Frauenkirche zu benutzen, wohin von 1485 bis ins 18. Jahrhundert eine Brücke hinüberführte. Als 1815 sämtliche Sozialeinrichtungen der ehem. Reichsstadt und ihrer Stiftungen zum „Spital der Stadt" zentralisiert wurden, bot das ehemalige Franziskanerinnenkloster die geeigneten Räumlichkeiten. Bis heute verblieb hier das jahrzehntelang von Neuendettelsauer Diakonissen betreute Pfründespital, später in Bürgerstift umbenannt.

An die einstige Klostergeschichte erinnert nurmehr die Kapelle im 1. OG. An den einstigen Wirtschaftshof des Klosters Ursberg (Rabenstraße 15) erinnert nur noch die barocke Fassade.

FRAUENKIRCH-QUARTIER

Steinbogenbad
(Steinbogenstraße 5)

1535 entstand das Steinbogenbad, gespeist aus dem Wasser des nahen Stadtbaches. Als 1768 die Künersberger Manufaktur aufgelöst wurde, errichtete Georg Ludwig Rupprecht, der zu den bedeutendsten Fayencemaler der Künersberger Manufaktur zählte, hier ein „Schmelzöfelein" und führte die Produktion auf eigene Rechnung fort. Die hier hergestellten Fayencen übertrafen an Qualität und Schönheit die Vorbilder.

Bürgerheim

(ehem. Metzgers Spitäle, Nonnengasse 1)

1478 stiftete der langjährige Richter, Rat, Bürger- und Metzgerzunftmeister Ludwig Metzger (gest. 1485) ein Haus für alte Leute („Spitäle"). 1910 wurde das Gebäude von den Vereinigten Wohltätigkeitsstiftungen angekauft und 1923/24 durch einen Neubau mit Küche und Krankenabteilung für wohlhabende Senioren ersetzt.

Frauenkirche

(Frauenkirchplatz 5)

Obwohl die erste Erwähnung erst 1258 erfolgte, geht die Frauenkirche (Seite 104) vermutlich auf eine karolingische Gründung zurück.

Den romanische Vorgängerbau – eine dreischiffige Basilika mit drei halbkreisförmigen Apsiden – wandelte man bei der Stadterweiterung Ende des 14. Jahrhunderts in eine gotische Kirche um. 1455 erfolgte die Erweiterung des Langhauses und drei Jahre später begann der Neubau des Chores und die Einbeziehung des ursprünglich freistehenden Turmes. Nachdem es immer wieder zu Bränden durch Blitzschläge kam, entschloss man sich 1626 zur Umgestaltung des bis dahin spitzen, hohen Kirchturms.

Die spätmittelalterlichen Fresken von Hans Strigel d.J., (um 1470), gehören zu den *besten im süddeutschen Raum*. Im Apostelzyklus besticht die Gestaltung der Hauptfiguren. Anders verhält es sich mit der Secco-Malerei eines unbekannten Meisters an der Turmwand.
Nach dem 30-jährigen Krieg übermalt, wurde es 1890 ohne technische Hilfsmittel freigelegt und 1897 aufgefrischt.
Dabei ging die obere Farbschicht verloren, sodass heute nur noch die Grundierung zu sehen ist. Erzählt wird das Leben Marias. Der Mariengarten, der „Hortus conclusus", zählt mit seinen zahlreichen Symbolen und der Einhornjagd zu den anrührendsten Beispielen spätmittelalterlicher Malerei. Der Heilig-Geist-Orden hatte 1341 das Patronatsrecht über die Kirche erhalten und wollte auch nach Einführung der Reformation in der Reichsstadt nicht auf seine kirchlichen Rechte verzichten. Nach langjährigen Auseinandersetzungen wurde 1569 zwischen Reichsstadt und Orden ein Simultaneum vereinbart. Der evangelischen Bürgschaft stand das Langhaus zu, während die erste Empore im Besitz des benachbarten Franziskanerinnenklosters stand und der Hochchor von den Kreuzherren zur Messfeier genutzt werden konnte. Das barocke Chorgestühl stammt von 1696. Hochaltar und Kanzel aus dem 19. Jahrhundert.

Familie Strigel

Im Spätmittelalter gehörte Memmingen zu den pulsierenden Wirtschaftszentren Schwabens.

Der Handel blühte und ließ ein wohlhabendes und kunstsinniges Bürgertum entstehen. Die zahlreichen Altarstiftungen der Bürgerschaft, Kirchen und Klöster trugen ebenso wie auswärtige Auftraggeber zu einer beachtlichen Bandbreite von Künstlerpersönlichkeiten bei. Drei Generationen lang bestimmte die Familie Strigel das künstlerische Leben in Memmingen und Umgebung. Der 1462 verstorbene Hans Strigel d.Ä. bemalte beispielsweise die nördliche Vorhalle der Frauenkirche mit der Anbetung der Hl. Drei Könige.
;einem älteren Sohn Hans d.J. (geb. ca. 1425, gest. ca. 1495) verdan-:en wir u. a. die außergewöhnlich schönen Fresken im Kreuzgang des :lsbethenklosters. Er gilt als der „Lyriker" der Familie und besticht durch lie Zartheit und Harmonie seiner Bilder.
Vor allem aber Ivo Strigel (1430-1516) gilt neben Bernhard Strigel als ıerausragende Künstlerpersönlichkeit.
/o verlegte sich auf die Bildhauerei. Da ihm Zunftvorschriften die Bema-ıng der Altarflügel verboten, übernahmen dies vielfach seine Verwand-en.

Während prachtvoll ausgestattete Flügelaltäre aus seiner Werkstatt in üdtirol und Graubünden noch an den Originalplätzen stehen, sind in chwaben meist nur einzelne Figuren, (darunter Madonnen von höchster ınmut), erhalten geblieben.
ıurch Bildersturm, Dreißigjährigen Krieg und Säkularisation sind viele :unstwerke verloren gegangen.

Bahnhof, Alte Post, Mariä Himmelfahrt, Alter Friedhof, Westertorplatz, St. Josef, Landesgartenschau

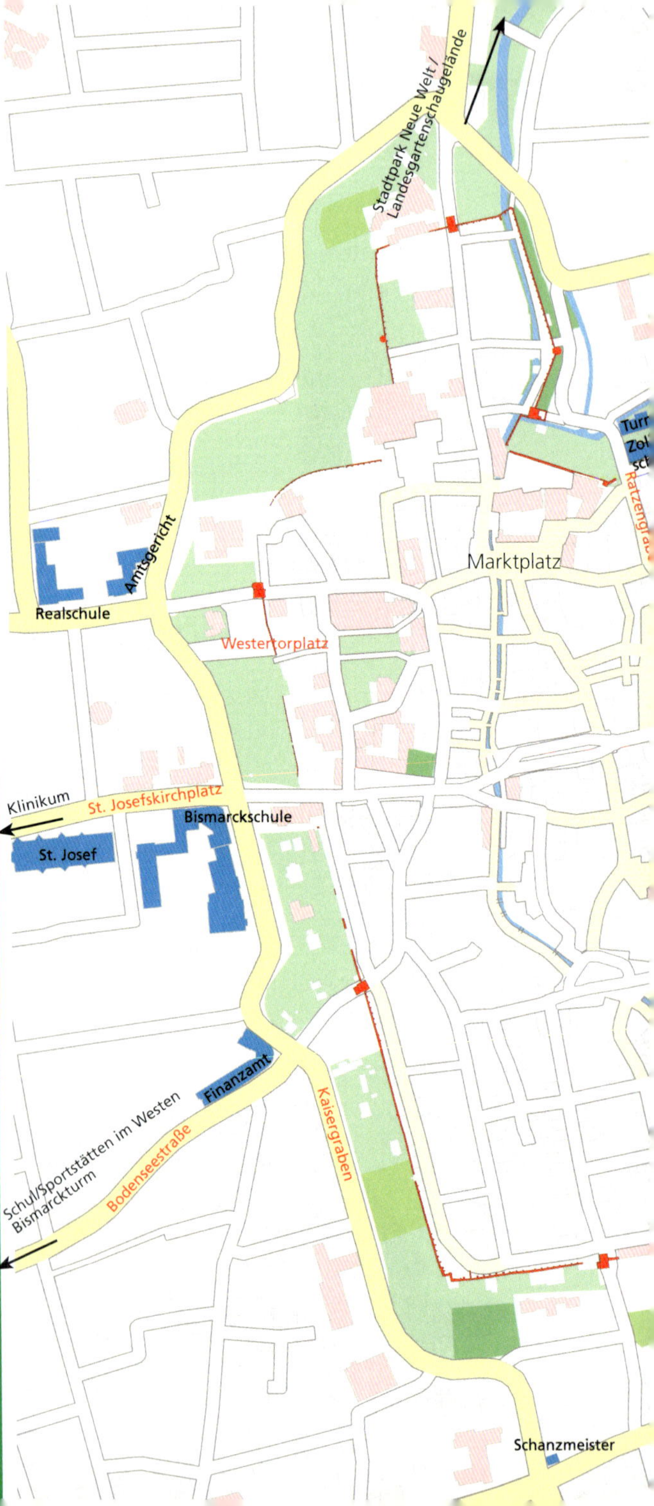

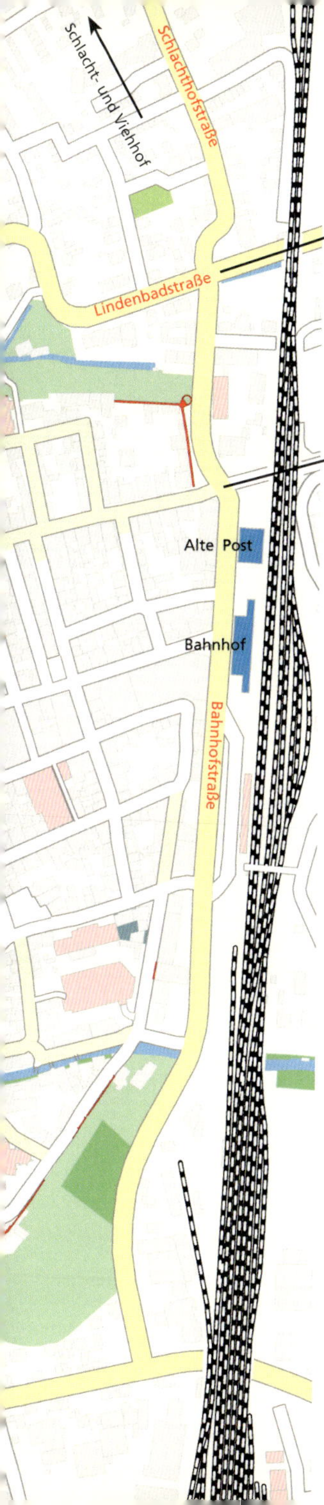

Fabrik Gutmann / Hildegardanstalt
Waldfriedhof
Papiermühle
Gaswerk
Freibad
Sozialer Wohnungsbau
Schiessstatt und Sportgelände Ost

Wasserwerk
Obere Bleiche / Haussmann
Riedbachgut

Fabrik Neunhoeffer
Maria Himmelfahrt

Christuskirche
Schottenkloster St. Nikolaus
Alter Friedhof / Jüdischer Friedhof

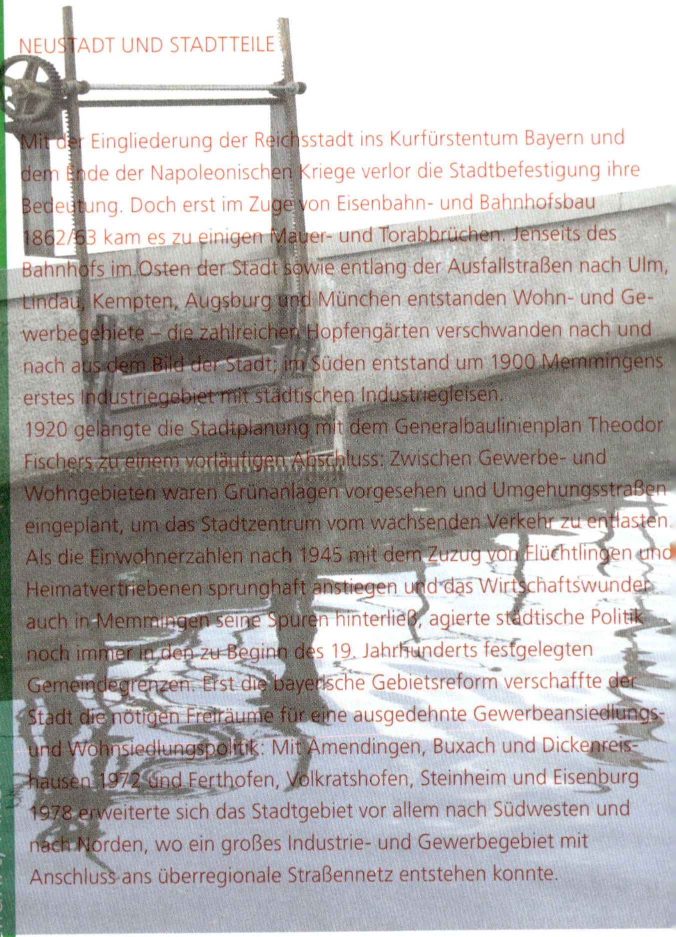

Mit der Eingliederung der Reichsstadt ins Kurfürstentum Bayern und dem Ende der Napoleonischen Kriege verlor die Stadtbefestigung ihre Bedeutung. Doch erst im Zuge von Eisenbahn- und Bahnhofsbau 1862/63 kam es zu einigen Mauer- und Torabbrüchen. Jenseits des Bahnhofs im Osten der Stadt sowie entlang der Ausfallstraßen nach Ulm, Lindau, Kempten, Augsburg und München entstanden Wohn- und Gewerbegebiete – die zahlreichen Hopfengärten verschwanden nach und nach aus dem Bild der Stadt; im Süden entstand um 1900 Memmingens erstes Industriegebiet mit städtischen Industriegleisen.
1920 gelangte die Stadtplanung mit dem Generalbaulinienplan Theodor Fischers zu einem vorläufigen Abschluss: Zwischen Gewerbe- und Wohngebieten waren Grünanlagen vorgesehen und Umgehungsstraßen eingeplant, um das Stadtzentrum vom wachsenden Verkehr zu entlasten. Als die Einwohnerzahlen nach 1945 mit dem Zuzug von Flüchtlingen und Heimatvertriebenen sprunghaft anstiegen und das Wirtschaftswunder auch in Memmingen seine Spuren hinterließ, agierte städtische Politik noch immer in den zu Beginn des 19. Jahrhunderts festgelegten Gemeindegrenzen. Erst die bayerische Gebietsreform verschaffte der Stadt die nötigen Freiräume für eine ausgedehnte Gewerbeansiedlungs- und Wohnsiedlungspolitik: Mit Amendingen, Buxach und Dickenreishausen 1972 und Ferthofen, Volkratshofen, Steinheim und Eisenburg 1978 erweiterte sich das Stadtgebiet vor allem nach Südwesten und nach Norden, wo ein großes Industrie- und Gewerbegebiet mit Anschluss ans überregionale Straßennetz entstehen konnte.

GEWERBE- UND WOHNQUARTIERE

(östlich und westlich der Bahnstrecke)

Bahnhof

(Bahnhofstraße 3)

Memmingen verschaffte sich selbst Zugang zum überregionalen Eisenbahnnetz, indem sie die 1863 eröffnete Illerbahn zwischen Ulm und Kempten initiierte und finanziell absicherte.
Der Bahnanschluss verursachte einen erheblichen wirtschaftlichen Aufschwung; bereits wenige Jahre nach der Eröffnung des Bahnhofs musste das Gebäude, in dem bis 1901 auch die Postexpedition untergebracht war, erweitert werden.

Der markante Mittelbau mit hohen Eingangstoren/-fenstern zur Schalterhalle hin wurde am 1944 durch einen Bombenvolltreffer zerstört und nurmehr in einfacher Form wiedererrichtet. Im Jahr der Landesgartenschau 2000 trat an seine Stelle ein moderner Neubau, der als *Prototyp eines modularen Regionalbahnhofs* geplant, allerdings nur in Memmingen realisiert wurde und somit ein bundesdeutsches Unikat bleiben wird.

Alte Post

(Bahnhofstraße 2)

Den Klagen der Postexpedition wegen Raummangels im Bahngebäude trug die Generaldirektion der königlich-bayerischen Posten und Telegraphen 1901 mit der Errichtung eines Neubaues in unmittelbarer Nachbarschaft Rechnung, der im Stil italienischer Renaissance entworfen worden war. Das Gebäude verlor 1984 – weil zu klein geworden – seine ursprüngliche Funktion. Die *Umgestaltung zur MeWo Kunsthalle* 2004/05 verspricht wieder eine adäquate und nachhaltige Gebäudenutzung. Nördlich des Postgebäudes errichtete die Post 1930/31 nach Plänen des aus Memmingen gebürtigen Postarchitekten Rudolf Vorhölzer ein modernes Fernmeldeamt, das nach einer Teilzerstörung im Zweiten Weltkrieg in alten Formen wiedererrichtet wurde.

Zollergartenschule und -turnhalle

(Ratzengraben 4)

Gleichzeitig mit der Öffnung der Stadt nach Osten im Zuge des Bahnbaues wurde auch am Ratzengraben der Mauerring geöffnet.
Nach dem Abbruch der Werkhäuser am neuen Bahnhof (am Beginn der heutigen Maximilianstraße) errichtete 1865 Stadtbaumeister Karl Bandel am Ratzengraben ein Feuerlöschrequisitenhaus (Bauhof) samt Wohnung für den Bürgermeister.
Der Bau der Turnhalle gleich nebenan steht im Zusammenhang mit der körperlichen Ertüchtigung der Feuerwehrleute, die mitunter auf hohen Leitern ihre lebensrettenden Dienste auszuführen hatten, seit 1860 zur Freiwilligen Feuerwehr zusammengeschlossen und vielfach Mitglieder des 1859 gegründeten Turnvereins waren.
Als 1920 eine neue Feuermelde- und Alarmanlage beschafft wurde, konnte das bislang übliche Sturmleuten auf dem Martinsturm eingestellt werden. 1985 erhielt die Memminger Feuerwehr eine moderne Niederlassung am Rennweg. Das Haus am Ratzengraben wurde zum Schulhaus erweitert und umgebaut.
Bis zum Umzug ins Kreuzherrnkloster hatte hier die städt. Sing- und Musikschule ihr Domizil.

Schlacht- und Viehhof

(Schlachthofstraße 32)

1929 wurde ein neuer Schlacht- und Viehhof mit Bahnanschluss eröffnet, der an die Stelle der alten Stadtmetzg in der Maximilianstraße und des erst 1914 eingerichteten Viehhofes an der Riedbachstraße trat.
Die dynamische Entwicklung im Viehhandel setzte sich auch in den folgenden Jahren bis in den 2. Weltkrieg hinein fort, so dass im Umfeld des Schlachthofes Großschlächter Betriebsgebäude errichteten und die Rolle des Memminger Schlachthofes als überregionalen Umschlagplatz für das Allgäuer Schlachtvieh bekräftigten. 1996 musste der Betrieb eingestellt werden, da EU-Normen nicht mehr entsprochen werden konnte.

Fabrik Neunhoeffer
(Augsburger Straße 8)

Die Mechanische Bindfadenfabrik Neunhoeffer wurde 1931 ein Opfer der Weltwirtschaftskrise. In der Villa befindet sich seit 1992 die Zentrale des Malteser Hilfsdienstes.

Kath. Pfarrkirche Mariä Himmelfahrt
(Augsburger Straße 14) und

Christuskirche
(Dunantstraße 8)

Inmitten zahlreicher Gewerbebetriebe entwickelte sich hier in Memmingens Osten ein ausgedehntes Wohngebiet, das allmählich den neuen Waldfriedhof umschloss.
Mit der vor allem durch die Integration der Flüchtlinge und Heimatvertriebenen ansteigenden Bevölkerung im Osten der Stadt (Baltensiedlung im Kalker Feld und an der Münchner Straße) wurden Schulbauten erforderlich (Linden-, Edith-Stein-Schule).

Auf dem Areal des ehemaligen Bauhofes der Stadt wurde 1956 nach Plänen von Thomas Wechs eine katholische Pfarrkirche errichtet.

HInter der Kirche liegt die sehenswerte Wohnanlage „Marienrain" der Siebendächer-Baugenossenschaft.

Schottenkloster St. Nikolaus / Alter Friedhof
(Augsburger Straße) und

Jüdischer Friedhof
(Am Judenfriedhof)

Apotheker Dr. Lukas Conrater schlug 1521 angesichts der Pest dem Rat vor, die Friedhöfe bei St. Martin, Unser Frauen und im Spital vor die Tore der Stadt zu verlegen, um eine Seuchengefahr zukünftig zu verringern. Als Standort wurde die im 14. Jahrhundert erwähnte St. Leonhards-kapelle samt Siechen- und Blatternhaus (Augsburger Straße/ Blattern-gasse) erwogen, in dem an Pocken, Diphterie, Syphilis oder Cholera Erkrankte untergebracht wurden. 1528 errichtete die Reichsstadt schließlich den neuen Friedhof auf dem Areal des um 1180 von Welf VI. gestifteten Schottenklosters St. Nikolaus, das sich nur spärlich entwickelt hatte Im Zuge des Memminger Bevölkerungswachstums in der 2. Hälfte des 19. Jahrhunderts wurde 1876 eine große Erweiterung des Friedhofes notwendig und durch Stadtbaumeister Karl Bandel eine Leichenhalle errichtet. Nach Eröffnung des Waldfriedhofes schloss die Stadt ihren Alten Friedhof 1920. Heute vermitteln hier noch mehr als 200 Grabhäuser und Grabzeichen ein vielfältiges Bild (reichs-) städtischer Gesellschaft.

In Zusammenarbeit mit dem Stadtmagistrat konnte die neue Israelitische Kultusgemeinde kurz nach ihrer Gründung 1874 einen Begräbnisplatz unweit des städtischen Friedhofes erwerben.

Fabrik Gutmann / Hildegardanstalt
(Lindenbadstraße 29)

Das schräg gegenüber liegende Fabrikgebäude der jüdischen Textilfabrik Gutmann wurde nach deren Konkurs 1930 zum katholischen Jugend-wohnheim und Waisenhaus umgebaut.
Im rückwärtigen Bereich entstand das Altenheim St. Ulrich.

Waldfriedhof
(Waldfriedhofstraße)

Nachdem der Alte Friedhof nicht mehr erweitert werden konnte, entschloss sich die Stadt zum Bau eines neuen Waldfriedhofes nach Plänen von Prof. Hans Grässel, München. 1959 wurde eine moderne Aussegnungshalle errichtet.
Mit dem Bau von Urnengrabanlagen dokumentiert sich der Wandel der Bestattungskultur an der Wende vom 20. zum 21. Jahrhundert.

Papiermühle
(An der Papiermühle)

1478 ging aus einer Schleifmühle am Haienbach Memmingens erste Papiermühle hervor. Im Verlauf des 16. Jahrhunderts wurde die Papierherstellung in etwa 15 Betrieben im Bereich Memmingen, Kempten und Kaufbeuren zur zahlenmäßig wichtigsten im Reich.
Ins Jahr 1594 datiert ein Neubau, der 1846 einem Brand zum Opfer fiel, aber in historischer Form mit Staffeldach wiedererrichtet wurde.

Gaswerk
(Gaswerkstraße 17)

Zeitgleich mit dem Bahnhof wurden 1863 Verwaltungs- und Technikgebäude des städtischen Gaswerkes errichtet - mit der Altstadt seit 1889 durch einen Eisenbahnsteg verbunden. Obwohl das Handwerk noch lange die gewerbliche Struktur Memmingens prägen sollte, nahm die Zahl der Arbeiter deutlich zu, die in der Textilindustrie, bei Baufirmen, in der Nahrungsmittelindustrie oder im Maschinenbau beschäftigt waren. 1902 wuchs die Stahlkonstruktion eines Teleskop-Gasbehälters als markantester Gebäudeteil des Gaswerkes empor. Der Gasverbrauch der Fabriken verdoppelte sich in der Zeit von 1878 bis 1912.

Freibad
(Stadtbadallee 1)

Am Stadtbach östlich des Gaswerks entstand 1892 die städtische Badeanstalt mit zwei getrennten Wasserbecken für Männer und Frauen.
Das heutige Freibad geht auf Baumaßnahmen der Jahre ab 1957 zurück.

Sozialer Wohnungsbau
(Wasserwerkweg / Benninger Straße)

Bemerkenswert sind die wenigen noch sichtbaren Überreste von sozialem Wohnungsbau der 20er Jahre des letzten Jahrhunderts, die vielfach noch sehr kärgliche Wohnungsverhältnisse nach dem 1. Weltkrieg dokumentieren.

Schießstatt und Sportgelände Ost

(Haienbachstraße 2/16)

Erstmals erwähnt wird eine Memminger Schießstatt 1466. Um nicht Angreifern als Bastion dienen zu können, zerstörten die Memminger das Haus 1632.
Der heutige Bau geht auf den Wiederaufbau des Hauses nach einem Brand 1839 zurück. Schießstatt und die dahinterliegende Wiese waren Übungsorte für Schützengesellschaften und Landwehr, aber auch Orte für Festlichkeiten, so etwa 1856 beim landwirtschaftlichen Fest der Landgerichte Ottobeuren, Babenhausen, Roggenburg, Illertissen, Grönenbach und Memmingen, an dem zwischen 10 und 12.000 Besucher teilgenommen haben sollen. 1962/63 wurde das östlich der Schießstatt anschließende Areal zum Sportgelände Ost ausgebaut.

Wasserwerk

(Wasserwerkstraße)

Mitte der 60er Jahre des 19. Jahrhunderts wurde eine umfassende Reform der Memminger Wasserversorgung erforderlich. Verunreinigtes Wasser, ein höherer Wasserverbrauch, die zu geringe Fließgeschwindigkeit (ohne Pumpstationen) und Wassermangel durch Versiegen von Quellen waren entscheidende Beweggründe.
Die Stadt baute 1874 das Gebäude der Frommelschen Stärkefabrik zum Pumpwerk um, aus dem über eine neue eiserne Leitung Wasser in die Stadt geführt werden konnte. 1897 erfolgte der Bau eines neuen Schachtbrunnens sowie eines Hochbehälters in Memmingerberg, wodurch die Wasserförderung nochmals gesteigert werden konnte.
Ein weiterer Hochbehälter entstand 1962 im Eisenburger Wald.

Obere Bleiche / Haussmann

(Haussmannstraße 94)

1855 ließ sich der Nördlinger Tuchmachermeister Friedrich Haussmann am Theaterplatz in Memmingen nieder, um dort Tuche herzustellen und zu verkaufen. Bereits sieben Jahre später gründete er im Bereich der alten Tuchwalke und der Oberen Bleiche am Walkenbach eine Textilfabrik, die er in den folgenden Jahren systematisch erweiterte und zu einem der größten Unternehmen der Stadt ausbaute. Ab 1894 führten seine Söhne den Betrieb fort. Die Krise in der Textilbranche verursachte 1997 auch bei Haussmann die Einstellung des Betriebs.

Riedbachgut

(Oberbrühlstraße 35)

Das Gut wurde 1544 von Balthasar Funk (gest. 1580) errichtet, dem bedeutendsten Vertreter der begüterten Memminger Kaufmannsfamilie. Nach 1600 kam das Anwesen in den Besitz Caspar Kochs (gest. 1620), was auch die Wetterfahne auf dem Dach zum Ausdruck bringt (Koch mit Kochlöffel). Seine Handlung zählte damals neben der Zollerschen zur wichtigsten und reichsten in Memmingen.

Schanzmeister

(Schanzmeister 1)

Das Gebäude des Schanzmeisters südwestlich des Tores an der alten Landstraße nach Kempten (Dickenreiser Allee) war zu reichsstädtischen Zeiten Dreh- und Angelpunkt der umfangreichen Schanzarbeiten vor der Stadtmauer.

Westertorplatz

Gegenüber dem Bürgerbräukeller (späterer Fröbelkindergarten) hatte sich bereits zur Jahrhundertwende der Kaufmann Heinrich Flach in historisierender Bauweise eine schöne Villa erbauen lassen. 1974 errichtete sich die evangelisch-lutherische Kirche mit dem Dietrich-Bonhoeffer-Haus ein neues Gemeindehaus. Dahinter findet sich am Königsgraben das 1862 von Johannes Leeb gestaltete Standbild des Burkhard Zingg (1396-1470), dessen erste deutsche Autobiographie vom Leben in seiner Geburtsstadt Memmingen, aber auch von seinem weiteren Werdegang in Augsburg erzählt. Der Westertorplatz, zu Beginn des 20. Jahrhunderts aufgeschüttet und zur Übungsfläche für Feuerwehr und Freifläche für Eislauf und Jahrmarkt umgestaltet, wurde 1975 nach historischem Vorbild abgesenkt, im Westen begrenzt durch das Karstadt-Kaufhaus.

Der Platz blieb aber auch nach seiner Neugestaltung Mittelpunkt des traditionellen Jahrmarktes.

Bismarckschule, Rentamt und ehem. Synagoge

(St. Josefskirchplatz 1/2 / Kaisergraben 42)

Mit dem Mauerdurchbruch am Schweizerberg 1897 und der Vermessung der Straßen um die Stadt begann die gezielte und planmäßige Erweiterung der Stadt nach Westen. Nördlich und südlich des neuen Stadtausganges errichtete sich die wohlhabende Bürgerschaft an den Promenaden im Grüngürtel zwischen Bierkellern und in ehemaligen Hopfengärten ihre Villen. An der neuen Kreuzung Schweizerberg-Königsgraben-Kaisergraben entstand die Bismarckschule nach Plänen von Stadtbaumeister Peter Lang (1902) und das Rentamt (1904).

Die vom Frankfurter Architekten Max Seckbach 1908/09 errichtete Synagoge gegenüber der Bismarckschule wurde bereits 30 Jahre nach

ihrer Einweihung am 10. November 1938 von nationalsozialistischen örtlichen Funktionären abgebrochen. Gleichzeitig wurden jüdische Wohnhäuser geplündert und Geschäftshäuser „arisiert“. Viele Männer, Frauen und Kinder wurden 1942 in den Vernichtungslagern ermordet, darunter die beiden Ehepaare Laupheimer.

In ihrer 1925 in der Moltkestraße errichteten Villa befinden sich heute Diensträume des benachbarten, 1999 neuerrichteten Finanzamtes (Bodenseestraße 6).

St. Josef

(St. Josefskichplatz 5)

Die Bestrebungen nach einem Kirchenbau für die anwachsende katholische Gemeinde reichen weit ins 19. Jahrhundert zurück.

Nach dem 1. Weltkrieg ließ 1929 Stadtpfarrer Josef Schmid die St. Josefskirche mit ihrer mächtigen, doppeltürmigen Ziegelsteinbauweise errichten.

Ihr Äußeres, geplant von Michael Kurz aus Augsburg, ist Ausdruck des monumentalen Baustils der Zeit.

Das lichtdurchflutete Innere wurde von Thomas Wechs gestaltet.

Amtsgericht und Realschule
(Buxacher Straße 6/8)

1906 errichtete das Königreich Bayern vorne am Königsgraben – am alten Stadtausgang nach Buxach – ein neues Amtsgerichtsgebäude, in dessen unmittelbarer Nachbarschaft die Stadt 1911 nach Plänen von Leonhard Heydecker die Mittelschule (ab 1938 Oberrealschule, heute Sebastian-Lotzer-Realschule) platzierte.

Klinikum
(Bismarckstraße 23)

Inmitten von Wiesen und Äckern entstand 1956 ein neues Krankenhaus der von der Stadt verwalteten Vereinigten Wohltätigkeitsstiftungen (später mehrfach erweitert). Nach dem Wegzug der Neuendettelsauer Diakonissen aus Memmingen 1969 ging das Krankenhaus an die Stadt über. Es wurde 1994/96 zum Klinikum der Versorgungsstufe III, nachdem das 1895 an der Buxacher Straße errichtete Kreiskrankenhaus geschlossen wurde.

Schul-/Sportstätten und Wohngebiete im Westen
(Bodenseestraße 46)

Mit der Einweihung eines Volksparkes mit Festhalle 1929 weit vor der bebauten Stadt schuf Memmingen eine wichtige Infrastruktur für Sport und Freizeit. Turnfeste, Sängerfeste und das traditionelle Kinderfest fanden hier nun eine geeignete Aufnahme, der 1907 gegründete Fußballverein Spiel- und Trainingswiesen.
Bereits unter nationalsozialistischem Vorzeichen stand die Errichtung einer SA-Sportschule mit Gebäuden am bzw. auf dem Hühnerberg, die ab 1942 als Kriegsgefangenenlager, ab 1945 als Flüchtlingslager weiterverwendet wurde (Rübezahlplatz). Schrittweise errichtete die Stadt ab den 60er Jahren ein Eisstadion. Südlich der Bodenseestraße entstand ab Mitte der 70er Jahre ein großzügiges Schulgelände, anfangend mit der priv. Notkerschule 1975 (Stadtweiherstraße 57). 1976 folgte ein Berufsbildungszentrum (kaufmännsche Jakob-Küner-Schule, Bodenseestraße 41-43), 1982 als gewerbliches Berufsbildungszentrum die Johann-Bierwirth-Schule (Bodenseestraße 45), 1983 das Gewerbeförderungszentrum der Handwerkskammer Schwaben (Claußweg 4-8) und schließlich 2004 die Fach- und Berufs-oberschule (Claußweg 10).
Die Bauten von Vöhlin-Gymnasium am Kaisergraben datieren ins Jahr 1958; das Gebäude des Strigelgymnasiums beim Hallenbad wurde 1968 eingeweiht. Zahlreiche Wohnungen entstanden nach 1945 im Stadtteil Berliner Freiheit, ausgestattet mit kulturellen und wirtschaftlichen Mittelpunkten. 1968 erhielt die evangelisch-lutherische

Bevölkerung ein eigenes Gemeindezentrum (ab 1981 mit Versöhnungskirche); 1976 fand die Einweihung der kath. Kirche Christi Auferstehung gegenüber der Theodor-Heuss-Schule statt.

Bismarckturm

(Bodenseestraße 56)

Zur Aussicht übers damals noch freie und unbebaute Umland errichtete Stadtbaumeister Peter Lang 1904 am Hühnerberg einen neugotischen Turm, der 1908 als Zeichen der Verehrung für den Reichskanzler und Memminger Ehrenbürger Otto von Bismarck „Bismarckturm" benannt wurde.
Von hier aus führen Spazierwege und kleine Straßen nach Südosten, die um 1900 der Verschönerungsverein unter seinem Vorsitzenden Eduard Flach anlegte. Am Hang entlang und durch den Stadtweiherwald gelangt man zum Dickenreiser Weg oder oberhalb des Buxachtales zum 1742 trockengelegten Stadtweiher.
Entlang der stillgelegten Lokalbahnstrecke nach Legau reicht der Naherholungsraum bis zum reichsstädtischen Bürgerwald (Stadtwald) im Memminger Süden.

Stadtpark Neue Welt

(In der Neuen Welt)

Das Wasser des Stadtbaches trieb schon zu reichsstädtischen Zeiten Mühlen an; im 19. Jahrhundert entstanden nördlich des Ulmer Tores unter anderem die Kunstmühle Huetlin&Roeck.

Unweit der Mühle in der „Neuen Welt" entwickelte sich in den letzten Jahren vor dem Ersten Weltkrieg ein Vergnügungsetablissement, das mit seinem Weiher auch „Klein-Venedig" genannt wurde.

Mit der Landesgartenschau 2000 nutzte Memmingen die Gelegenheit, das gesamte Areal entlang des Stadtbaches zu einem Stadtpark umzuwandeln, dessen Attraktivität an vergangene Zeiten anzuknüpfen vermag.

Bahnhof, Alte Post, Mariä Himmelfahrt, Alter Friedhof, Westertorplatz, St. Josef, Landesgartenschau

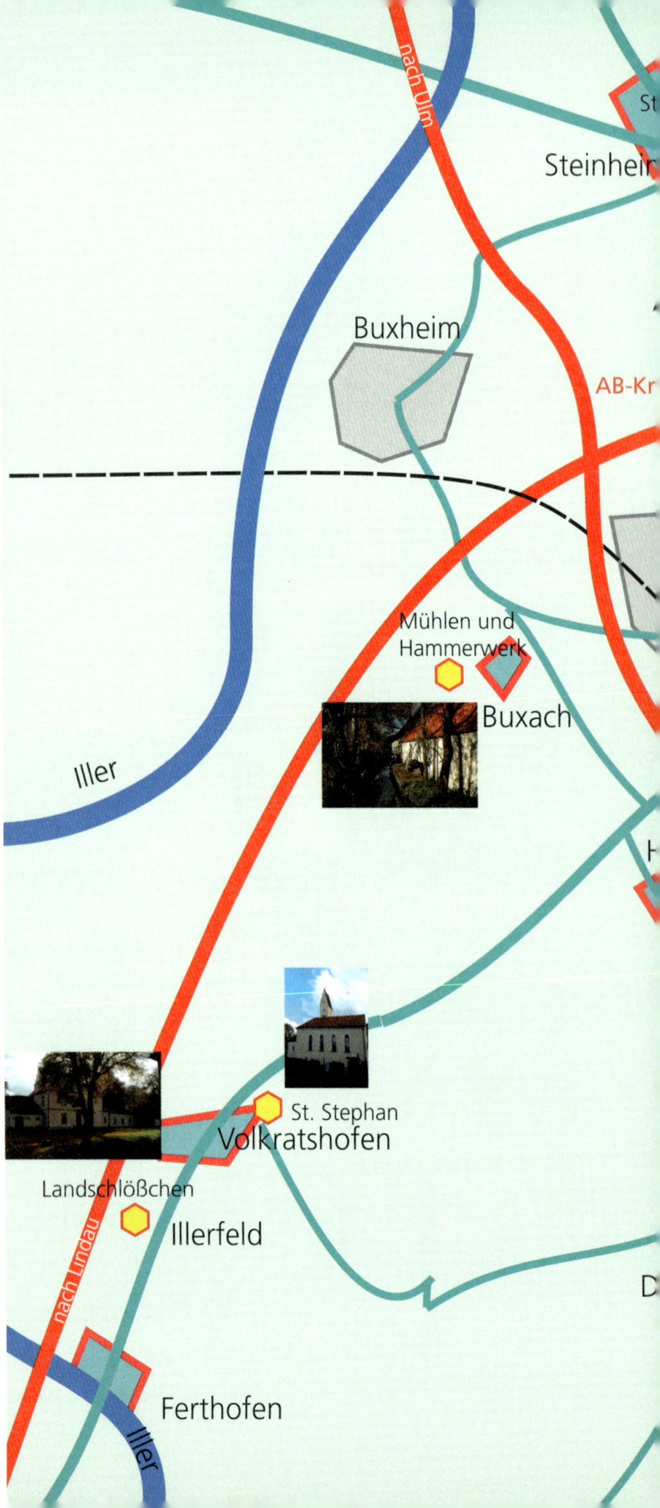

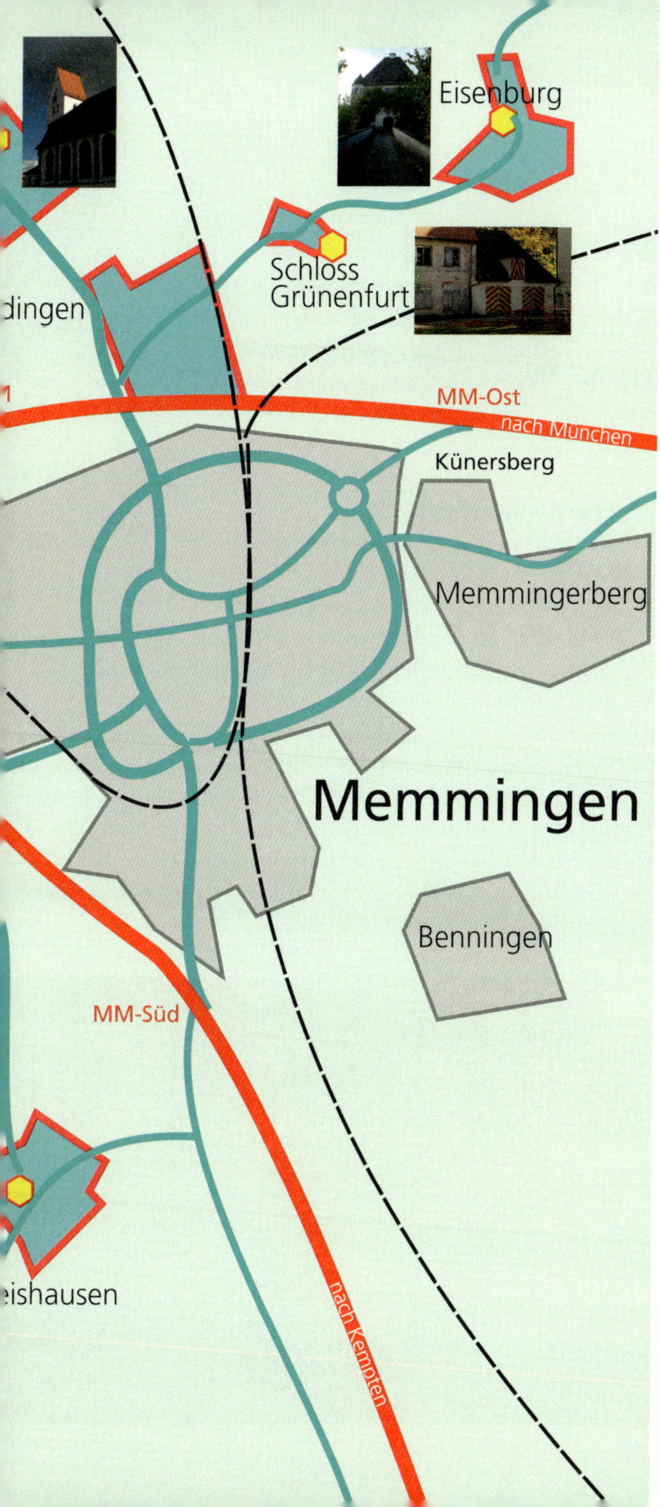
Eisenburg
Schloss Grünenfurt
MM-Ost
nach München
Künersberg
Memmingerberg
Memmingen
Benningen
MM-Süd
nach Kempten

Amendingen

Das 972 erstmals urkundlich erwähnte Amendingen war über Jahrhunderte größtenteils im Besitz der Ritter von Eisenburg; einzelne Höfe gehörten auch Memminger Bürgern oder benachbarten Klöstern, darunter Ottobeuren, Rot, Buxheim oder das Augustinereremiten- und das Kreuzherrnkloster Memmingen.
1580/81 gelangte die Herrschaft Eisenburg an die Reichsstadt Memmingen bzw. an das dortige Unterhospital; die grundherrschaftliche Zersplitterung blieb aber bestehen.
Die Pfarrkirche St. Ulrich mit Rokokoausstattung wurde zwischen 1752 und 1755 durch die Kartause Buxheim errichtet, die 1642 die Kirchenrechte vom Kloster Rot an der Rot erworben hatte.
1967 verstarb Amendingens Ehrenbürger und Maler Josef Madlener, dessen Oeuvre sich in der Region besonderer Beliebtheit erfreut.
Mit der Eingemeindung Amendingens 1972 wurde dessen Industriegebiet schrittweise zum zweitgrößten in Schwaben ausgebaut;
die Grenzen zwischen Stadtteil und Kernstadt verschwanden zusehends.
Nordöstlich des Stadtteiles liegt – als Weiler bereits im 15. Jahrhundert erwähnt – Schloss Grünenfurt, das 1737/38 vom Augsburger Bürger Scheidlin als repräsentativer Landsitz erbaut wurde.
Heute wohnen Nachkommen der Memminger Patrizierfamilie von Stoll zu Wespach (von Rom), die das Gut 1823 erwarben, im Schloss.

Buxach (mit Hart)

1459 ging das 1289 erstmals als Besitztum des Memminger Elsbethenklosters erwähnte Dorf Buxach ans Memminger Unter-

hospital über, dem am Bächlein Buxach auch mehrere Mühlen und ein Hammerwerk gehörten. Die enge Verbindung zur Reichsstadt führte 1529 zur Einführung der Reformation. Die kleine barocke Dorfkirche Hl. Dreifaltigkeit wurde 1710 durch den Memminger Baumeister Wilhelm Knoll errichtet. Ergänzt um ein kleines Siedlungsgebiet hat sich der dörfliche Charakter Buxachs weitgehend erhalten.

Dickenreishausen

Im 1126 erwähnten, seit 1472 unterhospitalischen Dorf Dickenreishausen führte die Reichsstadt 1791/92 eine Vereinödung durch, durch Verlegung von zwölf Höfen hinaus in die Felder. Chor, gotische Pfeiler und Turm der evang.-luth. Pfarrkirche St. Agatha stammen noch vom Bau 1472; das Langhaus datiert ins Jahr 1752. Zur Ausstattung zählt unter anderem ein neugotischer

Altar von Leonhard Vogt aus Memmingen. Das Dorf, das zwischen 1905 und 1972 durch die Lokalbahn nach Legau mit Memmingen verbunden war, hat seinen ursprünglichen Charakter auch nach der Gebietsreform weitgehend behalten.

Eisenburg

Dorf und Burg waren bis 1455 Sitz der 1208 erstmals erwähnten Herrschaft Eisenburg mit einem stattlichen regionalen Besitz in den umliegenden Dorfschaften. Seit Beginn des 15. Jahrhunderts löste sich allerdings die Herrschaft, die nominell bis ins frühe 19. Jahrhundert bestand, durch Güterverkäufe u.a. an die Memminger Familie Sättelin allmählich auf.

Da das Dorf kirchlich zu Amendingen gehört, findet sich in Eisenburg nur die kleine Kapelle St. Johann Nepomuk von 1747.
Das Schloss, 1567 errichtet, wurde nach einem Brand von 1927 nur in schlichter Form wiederaufgebaut und befindet sich in Privatbesitz.

Ferthofen

Am bedeutsamen Illerübergang südwestlich Memmingens entstand das 1551 erstmals urkundlich genannte Ferthofen. Über die Brücke mit einer St. Nepomuksfigur aus dem 18. Jahrhundert wurden bayerisches Salz sowie Textilien nach Oberschwaben und Italien transportiert. Gerichts- und Zollrechte lagen bei der Herrschaft Marstetten, ab 1566 beim Reichstruchsess von Waldburg; zwei Zollhäuschen diesseits und jenseits der Iller dokumentieren die Zollerhebung an der seit 1810 bayerisch-württembergischen Landesgrenze.

Nördlich des Dorfes errichtete sich im Illerfeld 1784 der Memminger Patrizier Johann Sigmund von Lupin ein Landschlößchen (mit Tulpenbaumallee jenseits der Landstraße).

Steinheim

Wie Amendingen hat auch Steinheim 764 dem Stiftungsgut des Klosters Ottobeuren angehört.
Vom frühen 13. Jahrhundert an bestimmten die Herren von Eisenburg die Geschicke des Dorfes, ehe es 1448 ans Unterhospital gelangte.
Die Reichsstadt führte um 1530 die Reformation im Dorf ein.
Die 1764/65 vom Memminger Stadtbaumeister Heinrich Steiner erbaute Pfarrkirche St. Martin ist ein typisch

protestantischer Saalbau mit einem Gemäldezyklus von Franz Georg Hermann; der Turm stammt noch aus mittelalterlicher Zeit.
Bei Egelsee war einst der Übergang über die Iller nach Württemberg; Brücke und Zollrechte befanden sich seit 1576 im Besitz der Reichsstadt Memmingen. Seit der Gebietsreform hat sich die Einwohnerschaft des Dorfes wesentlich verändert; das einst ländliche Dorf wurde zur städtischen Siedlung.

Volkratshofen

Auf der Flur Volkratshofens wurden im Zuge des Autobahnbaues Grabhügel aus der Hallstattzeit und eine keltische Fliehburg samt Brunnen freigelegt.
Während die Kirchenrechte seit 1337 beim Memminger Kreuzherrnkloster lagen, waren die meisten Höfe des erstmals 1167 erwähnten Volkratshofen bis 1399 im Besitz des Klosters Rot, anschließend Teil der Grundherrschaft des reichsstädtischen Spitals.
Auf das Patronatsrecht des Memminger Kreuzherrnklosters geht das Simultaneum an der Pfarrkirche St. Stephan zurück, die neben den gotischen Turm 1817 ein neues Langhaus erhielt, das von Stadtwerkmeister Johann Jodokus Knoll entworfen wurde. Gemälde Johann Friedrich Sichelbeins und Elias Friedrich Küchlins sowie ein Altar von Dominikus Zimmermann (aus dem Buxheimer Kapitelsaal) gehören zur Ausstattung der Kirche.